MAIS RECEITAS
DO
ANONYMUS GOURMET

Livros do autor na Coleção **L**&**PM** Pocket

100 receitas de aves e ovos
200 receitas inéditas do Anonymus Gourmet
Anonymus Gourmet em Histórias de cama & mesa
Comer bem sem culpa (c/Fernando Lucchese e Iotti)
Cozinha sem segredos
Mais receitas do Anonymus Gourmet
Na mesa ninguém envelhece
Novas receitas do Anonymus Gourmet
Receitas da Família
Voltaremos!

José Antonio Pinheiro Machado

MAIS RECEITAS
DO
ANONYMUS GOURMET

www.lpm.com.br

L&PM POCKET

Coleção **L&PM** POCKET, vol. 290

1ª edição na Coleção **L&PM** POCKET: outubro de 2002
13ª edição: abril de 2008

As dicas das páginas 21,50,56,97,102 e 203 foram extraídas do livro *Histórias de cama & mesa*, de J.A. Pinheiro Machado, L&PM, 2002.

Capa: Ivan Pinheiro Machado
Foto da capa e quarta capa: Ivan Pinheiro Machado
Editoração: Jó Saldanha
Revisão: Renato Deitos e Jó Saldanha

ISBN 978-85-254-1215-7

P654m	Pinheiro Machado, José Antonio, 1949- Mais receitas do Anonymus Gourmet / José Antonio Pinheiro Machado. -- Porto Alegre: L&PM, 2008. 224 p.; 18 cm. -- (Coleção L&PM Pocket) 1. Arte culinária-receitas. 2. Machado, José Antonio Pinheiro, 1949-. I. Título.

CDU 641.55(083.12)

Catalogação elaborada por Izabel A. Merlo, CRB 10/329.

© José Antonio Pinheiro Machado, 2002

Todos os direitos desta edição reservados a L&PM Editores
Rua Comendador Coruja 314, loja 9 – Floresta – 90.220-180
Porto Alegre – RS – Brasil / Fone: 51.3225.5777 – Fax: 51.3221-5380

PEDIDOS & DEPTO. COMERCIAL: vendas@lpm.com.br
FALE CONOSCO: info@lpm.com.br
www.lpm.com.br

Impresso no Brasil
Outono de 2008

Para o Pedro

Sumário

Apresentação / 7
Massas / 9
Carnes / 28
Aves / 63
Diversos / 75
Arroz / 125
Peixes / 137
Caldos e sopas / 153
Pães e cucas / 165
Sobremesas / 169
Índice de receitas / 210
Índice das dicas / 215

*P*ilotar um fogão se tornou uma atividade nobre. A cozinha deixou de ser aquele lugar maldito, nos fundos da casa. Agora, a conversa já chegou na cozinha, e lugar de homem também é na cozinha. Para as mulheres, a cozinha é símbolo de séculos de dominação, por isso querem cair fora. Mas elas vão redescobrir o encanto, porque a cozinha tem tudo para se tornar um território de encontro, um novo lazer/prazer. Para elas e para eles.

Cozinhar não pode ser um dever aborrecido executado por uma dona-de-casa solitária, exausta e sem esperança. Ou por ajudantes contrafeitas. Ou por alguém com pressa, descongelando qualquer coisa num microondas. O bom desempenho na cozinha carrega, necessariamente, o impulso de uma vocação e a urgência de um destino, como diria o Padre Anchieta. Não é exagero, não. Lembra aquele filme "Como água para chocolate"? A *personagem central, Tita, sugere que os grandes triunfos gastronômicos têm a ver com gestos de amor extremado. "Amor", segundo ela, era o seu maior segredo culinário. Quando o mundo parecia desabar, Tita emergia de cada um de seus naufrágios agarrada à solidez do velho fogão a lenha, que ela governava como se fosse o timão de um barco que não pode ser abandonado numa tempestade. E se salvava da desesperança com o alento dos sortilégios que sabia retirar daquelas panelas gastas. Esses sortilégios, na forma de sabores às vezes insuspeitados (como as codornas com pétalas de rosa), não eram resultados matemáticos de receitas bem executadas. As receitas, numa cozinha, são por certo indispensáveis, como uma bússola no oceano. Mas receitas e bússolas tornam-se instrumentos sem serventia se não houver, para decifrá-las, timoneiros como Tita, de rumos inabaláveis. A preparação de um prato tem esse toque épico. Pilotar um fogão faz esquecer as coisas menores – dinheiro, emprego, desventuras amorosas – e nos aproxima das emoções definitivas.*

J. A. Pinheiro Machado

(Trecho na crônica "Pilotar um fogão", do livro *Histórias de cama & mesa*, de J.A. Pinheiro Machado, L&PM, 2002).

Cappelletti verde e amarelo
(4 pessoas)

200g de cappelletti verde
200g de cappelletti tradicional
200g de mostarda
200g de nata
queijo parmesão ralado
sal
azeite de oliva

    Coloque o cappelletti para cozinhar em água com sal e azeite de oliva, seguindo as instruções da embalagem. Depois prepare o molho. Numa frigideira, coloque azeite de oliva, a mostarda e a nata. Misture bem. Coloque um pouco de sal. Acrescente o cappelletti já cozido e em seguida o queijo ralado. Misture e está pronto!

Espaguete campeão
(4 pessoas)

1 cebola picada
2 dentes de alho
100g de frutas cristalizadas

50g de bacon picado
500g de espaguete
300g de fígado
1 cálice de vinho tinto
2 colheres de sopa de farinha de trigo
1 xícara de caldo de carne
3 colheres de azeite de oliva
queijo parmesão ralado
manteiga

    Numa frigideira bem quente, coloque o azeite de oliva. Refogue o bacon picado e o fígado (previamente temperado a gosto), até que o fígado fique bem corado. Acrescente a cebola e o alho bem picadinhos, misturando bem. A seguir, o vinho tinto misturado com a farinha de trigo e o caldo de carne. Mexa bem e deixe cozinhar por alguns minutos. Por último, agregue as frutas cristalizadas, mexendo bem. Está pronto o molho. Prepare o espaguete de acordo com as instruções da embalagem. Quando estiver pronto e coado, misture um pouco de manteiga e queijo ralado. Derrame o molho por cima e sirva bem quente.

Lasanha com cogumelos
(6 pessoas)

1kg de cogumelos de tipos variados picados
4 xícaras de molho de tomate pronto
azeite de oliva
1 pacote de massa para lasanha
sal e pimenta-do-reino a gosto
1 xícara de ricota picada
1 xícara de nata fresca
1 xícara de requeijão cremoso (200g)
1 xícara de queijo parmesão ralado
½ xícara de salsa e cebolinha verde picadas

Frite os cogumelos em azeite de oliva. Tempere com sal e pimenta-do-reino, acrescente o tempero verde picado e reserve. Cozinhe a massa em água e sal com um fio de azeite de oliva. Escorra-a e reserve. Misture o queijo ralado com a salsa e a cebolinha verde picadas. Misture a ricota, a nata e o requeijão. Unte um refratário com azeite. Coloque uma camada de massa de lasanha, uma camada de cogumelos, uma camada de molho de tomate, uma camada da mistura de ricota, nata e requeijão. Por último, uma camada da mistura de queijo ralado. Leve ao forno preaquecido por cerca de 30 minutos. Sirva quente.

Cuidado com a maionese

Para um bom sanduíche, maionese é indispensável. Embora as maioneses prontas sejam muito práticas e se comportem bem, a maionese feita em casa é inigualável e valoriza muito a preparação. Mas, atenção! Um cuidado indispensável com a maionese caseira: consuma fresca, na hora. Jamais prepare a maionese caseira com antecedência, nem que seja de poucas horas! A maneira fácil de fazer a maionese caseira é no liquidificador. Bata 3 ovos com uma colher de limão, uma de vinagre, uma de mostarda, sal e pimenta e vá acrescentando um fio de óleo, lentamente, até ficar consistente, bem encorpada. Saboreie com o sanduíche ou a salada e, repito, não guarde, jogue fora a sobra.

Lasanha de cappelletti
(8 pessoas)

½kg de cappelletti

Para a camada de carne:
1kg de carne moída de primeira
100g de bacon
2 cebolas médias picadas
3 tomates picados
2 colheres de sopa de extrato de tomate
sal e pimenta a gosto

Para as outras camadas:
300g de queijo prato fatiado
300g de presunto
500g de requeijão cremoso
queijo parmesão ralado

Cozinhe o cappelletti em água e sal e reserve. Prepare a carne, fazendo um molho suculento: refogue a carne moída, misturando-a com o bacon, tempere com sal (cuidado que o bacon é salgado!) e pimenta, acrescente as cebolas, os tomates e o extrato de tomate. Mexa bem e deixe cozinhar alguns minutos. Quando estiver pronta, faça a montagem das camadas num prato refratário: 1) cappelletti; 2) carne com molho; 3) fatias de presunto; 4) requeijão; 5) fatias de queijo prato. Por cima de tudo, polvilhe com queijo parmesão. Dependendo do tamanho do prato refratário, você poderá repetir uma ou mais camadas, mas sempre termine com o queijo. Leve ao forno por aproximadamente 30 minutos. Sirva bem quente, acompanhado de uma salada.

Lasanha de pão árabe
(6 pessoas)

Para o molho à bolonhesa:
500g de carne moída
300g de lingüiça
1 cebola picada
2 tomates picados
1 xícara de caldo de carne
3 colheres de extrato de tomate
sal
1 pimenta vermelha bem picada

Para o molho branco com queijo:
1 litro de leite
1 cebola média
2 dentes de alho

2 colheres de sopa de requeijão
2 colheres de sopa de manteiga
4 colheres de sopa bem cheias de farinha de trigo
1 colher de chá de sal
1 pitada de pimenta branca
1 pitada de noz-moscada

Para a finalização e montagem:
4 ou 5 pães árabes
250g de queijo (mozarela ou lanche) ralado grosso

Corte a pele da lingüiça e desmanche-a. Numa frigideira ampla, refogue a carne moída e a lingüiça desmanchada, com a cebola e os tomates picados. Acrescente o extrato de tomate, a pimenta picada e o caldo de carne, deixando cozinhar um pouco. Reserve. Bata todos os ingredientes do molho branco no liquidificador, formando uma mistura homogênea. Depois, despeje numa panela e leve ao fogo baixo, mexendo bastante, até que cozinhe e engrosse. Comece então montagem da lasanha. Numa fôrma, faça uma primeira camada de molho à bolonhesa. Sobre ele, disponha fatias de pão sírio abertas ao meio (se os pães forem de espessura fina, deixe-os inteiros). Depois vá montando camadas de molho branco, molho à bolonhesa novamente, mozarela ralada grossa, fatias de pão árabe novamente, molho branco, etc., e assim sucessivamente, dependendo das dimensões da fôrma. Conclua por uma camada de mozarela ralada. Em seguida, leve ao forno por 15 ou 20 minutos para aquecer e gratinar.

Massa ao molho de queijo com uvas
(4 pessoas)

2 cebolas picadas
200g de nata fresca
150g de queijo gorgonzola
500g de massa do tipo penne
1 cacho de uva dedo-de-dama
1 cacho de uva moscatel
½ copo de requeijão cremoso (125g)
3 dentes de alho
sal e azeite de oliva

Coloque a massa para cozinhar em água com sal e um pouco de azeite. Quando estiver pronta, reserve. Numa frigideira, coloque azeite de oliva e acrescente a cebola e o alho. Deixe fritar um pouco e adicione a nata, o requeijão e o queijo gorgonzola. Depois que o queijo estiver misturado ao molho, acrescente as uvas dedo-de-dama cortadas ao meio e as uvas moscatel. Em seguida, coloque a massa já cozida. Misture um pouco e desligue o fogo. Está pronto! Ao servir, coloque mais um fio de azeite de oliva.

Cheiro de cebola

Na cozinha, há aqueles aromas irresistíveis, especialmente a certa hora da manhã, pouco antes do almoço. Mas há também os cheiros que a gente sempre procura combater. O cheiro da cebola, por exemplo, especialmente o que fica nas mãos. Não há sabão que tire. Se a receita que você vai preparar tem pimentão picado, há uma dica infalível. Deixe para picar o pimentão depois da cebola. Ele tem esse efeito mágico: tira facilmente o cheiro da cebola. Bem, mas e para tirar o cheiro do pimentão? Aí, água e sabão resolvem: basta lavar as mãos.

Massa caseira com molho de miúdos

(6 pessoas)

Para a massa:
½kg de farinha de trigo
6 ovos

Para o molho de miúdos:
½kg de coração de galinha
½kg de moelas de galinha
2 xícaras de tomate moído, sem pele e sem sementes
1 xícara de cebolas picadas
½ colher de sopa de pimenta-do-reino
1 colher de sopa de sal
1 colher de sopa de purê de tomate
1 colher de sopa de colorau

Para fazer a massa, misture bem a farinha com os ovos, até obter uma massa uniforme. Deixe descansar por 20 minutos. Depois abra a massa com um rolo, deixando-a bem fininha. Polvilhe-a com um pouco de farinha de milho (para não grudar) e enrole-a. Corte-a como se fosse uma couve. Depois, é só abrir os rolinhos resultantes. Cozinhe esta massa, com uma colher de sopa de sal e um fio de azeite de oliva, em água onde tenha sido fervida uma carcaça de galinha, o que dará um gosto especial a ela. A preparação da massa caseira fica mais difícil em dias de chuva, por causa da umidade. É preciso atenção no cozimento da massa caseira, muito mais rápido do que a industrializada. Para obter o ponto "al dente", tira-se a massa do fogo logo depois de abrir a fervura.

Para fazer o molho de miúdos, corte as moelas, retirando apenas a pele, e não sua gordura. Frite-as com os corações bem picados numa panela com pouco óleo, colocando o sal, a pimenta e a cebola. Cozinhe um pouco e adicione o tomate, o colorau e o purê de tomate, refogando bem. Deixe cozinhar por 30 minutos, ou pelo tempo necessário para amaciar as moelas, e estará pronto para colocar sobre a massa caseira. Se o molho ficar muito reduzido, pode-se aumentá-lo com um pouquinho da água da massa, misturando bem.

Massa com bacalhau
(4 pessoas)

½kg de massa
200g de bacalhau
16 azeitonas pretas sem caroço
20g de alcaparras
2 dentes de alho picados
100g de tomates-cereja
4 colheres de sopa de azeite de oliva
pimenta-do-reino a gosto
4 colheres de sopa de vinho branco seco
1 colher de sopa de salsa e cebolinha picadas

Deixe o bacalhau de molho na véspera, trocando sempre a água. Frite o alho no azeite de oliva e acrescente o bacalhau cortado. Deixe fritar por um minuto e acrescente os tomates, as alcaparras e as azeitonas. Espere mais um pouquinho e coloque o vinho. Tempere com a pimenta. Enquanto isso, cozinhe a massa em água e sal e um fio de azeite de oliva. Escorra a massa, misture com o molho de bacalhau e polvilhe com a salsa e a cebolinha.

Homem lavando louça

Com a recente invasão da cozinha pelos homens surgiu a lenda de que os homens cozinham melhor do que as mulheres. Será verdade? Não sei se os homens cozinham melhor do que as mulheres, só tenho certeza de uma coisa nessa polêmica: os homens lavam a louça melhor do que as mulheres. Melhor porque, sem a prática secular das mulheres, precisam lavar a louça com o maior cuidado, atentos a cada peça, pensando no que estão fazendo. Os homens lavam cada prato minuciosamente, como se fosse o último, cada panela é esfregada com o maior detalhe, cada garfo é polido como uma jóia. Não existe psiquiatra nem atividade de lazer capaz de resolver melhor o stress e as aflições do que esse tipo de distração e atenção minuciosa do homem que lava a louça. E isto resulta, além da mente descansada, numa louça rigorosamente limpa. Moral da história: para as mulheres, a cozinha é símbolo de séculos de dominação, por isso querem cair fora. Para os homens, ao contrário, a cozinha é uma libertação. Até mesmo para lavar a louça.

Massa dos corações
(6 pessoas)

Para a massa:
½kg de farinha de trigo
6 ovos

Para o molho de corações:
1kg de corações de galinha bem picados
2 xícaras de tomates picados
2 colheres de sopa de farinha de trigo
1 xícara de vinho tinto
1 xícara de cebola picada
½ colher de sopa de pimenta-do-reino
1 colher de sopa de sal
1 colher de sopa de extrato de tomate

    Misture bem os ingredientes da massa, até obter uma mistura uniforme. Deixe descansar 20 minutos. Abra a massa com um rolo, deixando-a bem fininha. Polvilhe com um pouco de farinha de milho (para não grudar) e enrole-a. Corte-a como se fosse uma couve. Depois, é só abrir os rolinhos resultantes. Cozinhe esta massa, com uma colher de sal e um fio de azeite de oliva, em água onde tenha sido fervida uma carcaça de galinha, o que dará um gosto especial à massa. A preparação da massa caseira fica mais difícil em dias de chuva, por causa da umidade. É preciso atenção no cozimento dela, muito mais rápido do que a massa industrializada. Para obter o ponto *al dente*, tira-se a massa do fogo logo depois de abrir a fervura. Frite os corações bem picados numa panela com azeite, colocando o sal, a farinha de trigo, a pimenta e a cebola, mexendo bem. Cozinhe um pouco e adicione o tomate e o extrato de tomate, sempre mexendo bem. Acrescente água e deixe ferver por 30 minutos e estará pronto o molho para colocar sobre a massa caseira.

Massa no disco
(4 pessoas)

500g de massa
1 copo de requeijão cremoso (250g)
500g de carne cortada em cubos
250g de lingüiça em rodelas
300g de frango picado
1 cebola picada
3 dentes de alho picados

1 pimentão picado
1 tomate
½ garrafa de vinho branco
1 xícara de caldo de carne
1 colher de sopa de farinha de trigo
3 colheres de sopa de massa de tomate
100g de queijo parmesão ralado
3 colheres de azeite de oliva

Coloque o azeite de oliva numa frigideira ampla ou num disco. Acrescente a lingüiça, a carne e o frango. Misture bem. Coloque a cebola, o alho, o pimentão e o tomate picados. Em seguida a massa de tomate, o vinho, a farinha diluída em água e o caldo de carne. Misture bem e deixe refogar um pouco. Cozinhe a massa separadamente. Depois junte-a ao molho. Cubra com o requeijão e o queijo ralado. Está pronto!

Nhoque de abóbora ao gorgonzola

Para a massa:
3 xícaras de batatas cozidas e espremidas
1 xícara de abóbora cozida e espremida

2 xícaras de farinha de trigo
1 colher de chá de sal
1 pitada de noz-moscada

Para o molho:
50g de margarina
2 colheres de sopa de farinha de trigo
1½ xícara de leite
50g de queijo gorgonzola
1 xícara de creme de leite fresco
1 pitada de noz-moscada
1 pitada de pimenta-do-reino
sal a gosto

Misture bem todos os ingredientes da massa. Enrole a massa como um cordão grosso e corte-a em pedaços, formando os nhoques. Para preparar o molho, doure a farinha na margarina. Adicione o leite aos poucos e mexendo sempre. Deixe ferver, junte o queijo, o sal, a noz-moscada, a pimenta-do-reino e, por último, o creme de leite. Cozinhe os nhoques em uma panela com água fervente e sal. Quando subirem, escorra e coloque-os em um refratário. Espalhe o molho e leve ao forno para gratinar.

Quantidade de comida

Na hora de preparar a comida, especialmente os marinheiros e marinheiras de primeira viagem ficam em dúvida sobre as quantidades de alimentos a serem servidos. Tem aquele dito popular: o melhor é sobrar. Dizem até que a qualidade do churrasco se mede pelo que sobrou, e não pelo que comeram. Nada disso é verdade. O bom é não desperdiçar, o bom é fazer a comida na medida justa, e aí vão algumas quantidades para você calcular, na hora de receber amigos ou fazer as refeições da família. Peixe: 200g por pessoa. Pão: 4 fatias por pessoa. Batatas: 2 por pessoa. Legumes: 100g por pessoa. Carne: um bom bife tem 200g, que é uma boa medida de carne sem osso por pessoa. Mas, em churrasco, a gauchada gosta de calcular 350g de carne sem osso por pessoa e ½kg se for carne com osso. Não há medo maior do que faltar carne no churrasco, por isso o exagero. Sorte para o cachorrinho do assador que vai degustar as sobras.

Nhoquezinhos ao molho de abóbora
(4 pessoas)

Para a massa:
3 xícaras de ricota fresca
2 xícaras de espinafre cru
queijo parmesão ralado

Para o molho:
½kg de abóbora de pescoço em pedaços
1 cálice de vinho do porto
200g de creme de leite
queijo parmesão
1 colher de chá de sementes de erva-doce

Estes nhoquezinhos são diferentes dos comuns. Faz-se croquetezinhos misturando a ricota, o espinafre bem picado e o queijo parmesão ralado para dar liga, sempre tendo o cuidado de ter farinha de trigo o bastante na mão para não grudarem. Cozinhe-os em água fervendo e, quando subirem, retire-os com uma escumadeira.

Para fazer o molho, cozinhe em água e sal a abóbora e faça um purê, misturando o vinho do porto, o creme de leite, o parmesão e as sementes de erva-doce. A textura do molho é de um creme; com o vinho do porto se acerta o ponto exato, deixando mais líquido. Pode-se usar, em vez das sementes de erva-doce, sementes de papoula ou gergelim. A idéia é dar um colorido.

Alcatra ao molho de tomate acebolado
(4 pessoas)

2 colheres de sopa de manteiga
½ kg de alcatra em bifes
1 cebola média picada
6 tomates picados
1 xícara de caldo de carne
1 colher de chá de molho inglês
½ lata de creme de leite

Aqueça a manteiga ou óleo e frite os bifes, dourando bem em fogo forte. Retire-os da frigideira e mantenha-os aquecidos. Refogue a cebola e o tomate na gordura que ficou na frigideira, com o caldo dos bifes.

Em fogo baixo, cozinhe até o tomate desmanchar. Junte o caldo de carne e o molho inglês e mexa. Retire do fogo, acrescente o creme de leite e misture bem. Despeje esse molho sobre os filés e sirva.

Carne de segunda, sabor de primeira

A carne chamada de "segunda", sempre digo, tem sabor "de primeira". Há uma maneira ótima de aproveitar esse tipo de carne saborosa, que inclui paleta, agulha, peito, etc.: cozinhá-la com a canjica de trigo. É uma receita que uso muito, há anos. Cozinho um bom pedaço dessa carne de "segunda", na panela de pressão ou na panela de ferro, com cebola, tomate, alho, um pouco de molho de soja, ½ garrafa de vinho tinto e 3 xícaras de suco de laranja. Deixo cozinhar bem, sem pressa. Quando está macia a carne e bem homogêneo e consistente o molho, acrescento a canjica de trigo, deixo abrir a fervura e depois baixo o fogo, deixando cozinhar bem. Fica espetacular.

Bife à parmigiana
(4 pessoas)

4 bifes de filé, alcatra ou patinho
4 fatias grossas de queijo mozarela
1 cebola
2 dentes de alho
4 colheres de sopa de massa de tomate
4 tomates
1 colher de sopa bem cheia de farinha de trigo
1 copo de vinho tinto
1 copo de caldo de carne
sal e pimenta
queijo parmesão ralado

Tempere os bifes com sal e pimenta e frite-os, rapidamente, um a um, sem passar muito, numa frigideira bem quente com óleo. Retire os bifes e reserve. Bata no liquidificador cebola, alho, tomates, massa de tomate, farinha de trigo, vinho tinto, caldo de carne. Essa mistura deve ser levada ao fogo na frigideira, que ainda está com a gordura e o caldo dos bifes. Mexa bem e deixe cozinhar, até engrossar um pouco. Depois coloque os bifes numa assadeira, cobrindo-os com as fatias de queijo cortadas mais grossas. Derrame o molho da frigideira por cima de tudo e leve ao forno o tempo suficiente para aquecer bem e derreter o queijo. Polvilhe com queijo ralado.

Bife a rolê
(6 pessoas)

6 bifes de patinho
6 tiras de bacon
1 cebola picada
3 colheres de sopa de extrato de tomate
sal e pimenta-do-reino

Tempere os bifes e coloque a tira de bacon sobre cada um, enrole e prenda com um palito. Em uma panela com óleo bem quente, frite os bifes, todos juntos, virando de vez em quando. Frite em seguida a cebola. Acrescente o purê de tomate, o sal e a pimenta. Coloque água e deixe cozinhar por 30 minutos. Abra a panela, veja se o molho está denso e a carne macia. Ferva mais um pouco com a panela aberta. Sirva com arroz e legumes.

Bife de fígado acebolado
(4 pessoas)

1kg de fígado de boi
2 cebolas cortadas em rodelas
4 dentes de alho bem esmagados
suco de 1 limão
sal, pimenta-do-reino e orégano

Congele o fígado previamente, pois fica mais fácil para tirar a pele e cortar em bifes bem finos. Tempere-os com alho, sal, suco de limão e pimenta-do-reino. Deixe-os descansar no tempero por algum tempo. Numa panela de ferro com óleo bem quente, frite os bifes, virando-os para dourar parelho. Retire da panela e coloque-os num prato preaquecido. Na mesma panela em que foram fritos, com a gordura ainda quente, frite as cebolas e junte o restante do suco de limão, um pouquinho de água, sal, pimenta e orégano, fazendo um molho que vai ser espalhado sobre os bifes.

Bife de fígado de vitela acebolado

(Fegato alla veneziana)
(2 pessoas)

½kg de fígado de vitela
4 cebolas cortadas em rodelas
4 dentes de alho bem esmagados
6 colheres de sopa de óleo de oliva
4 colheres de sopa de manteiga
3 colheres de sopa de salsa picada
orégano
suco de limão
sal e pimenta-do-reino

    Congele o fígado previamente, pois fica mais fácil para tirar a pele e cortar em bifes ou escalopes bem finos. Tempere-os com alho, sal, suco de limão e pimenta-do-reino. Deixe-os descansar no tempero por 2 horas. Numa frigideira ou panela de ferro, derreta a manteiga com a metade do óleo de oliva. Frite os bifes de ambos os lados, cuidando para dourar uniformemente. Retire-os da panela e coloque-os num prato preaquecido. Na mesma panela, depois de retirados os bifes, acrescente o restante do óleo de oliva e, com a gordura ainda quente, frite as cebolas e acrescente o sal, pimenta, salsa, orégano e um pouco de água, fazendo um molho que deverá ser espalhado sobre os bifes.

Mel puro

O mel é um alimento mágico. Os nossos tataravós já usavam com razão o mel para curar quase tudo: da gripe à ressaca. Mas, cá pra nós, hoje em dia é difícil conseguir comprar mel puro por aí. Se você tem em casa um pote de mel, há uma forma simples de testar sua pureza. Aqueça-o levemente. Se ele ficar líquido, é puro. Se tiver mistura, ficará espesso. Esse método é infalível. O mel puro também se conhece por ele cristalizar uniformemente, ao contrário do impuro, falsificado. E tem também o teste do olfato: o mel falsificado não tem cheiro de mel, tem cheiro de calda. Esse teste, você pode fazer na hora de comprar, evitando assim comprar calda a preço de mel.

Bifes acebolados
(6 pessoas)

1kg de carne para bife
manteiga ou óleo de soja
1 cebola picada bem fininha
2 dentes de alho picados fininhos
3 cebolas grandes cortadas em rodelas
sal e pimenta a gosto

Corte os bifes bem finos (bata, se a carne for dura). Tempere-os com sal. Frite-os na manteiga bem quente e reserve, de modo que permaneçam quentes. Na gordura que ficou na panela, acrescente 2 colheres de manteiga ou óleo. Esquente bem e coloque a cebola e o alho picados, deixando fritar até ficar escuro. Em seguida, adicione a cebola e deixe cozinhar por uns 3 minutos. Coloque o molho por cima dos bifes e sirva.

Bifinhos com frutas vermelhas
(4 pessoas)

½kg de carne cortada em bifes pequenos
1 cebola picada

2 tomates picados
1 pimentão vermelho picado
1 bandeja de moranguinhos
50g de cerejas em calda
1 xícara de caldo de carne
1 copo de vinho tinto
1 colher de sopa de farinha de trigo
sal e pimenta-do-reino
1 colher de sopa de manteiga
3 colheres de sopa de azeite de oliva

Tempere os bifinhos com sal e pimenta-do-reino e leve-os ao fogo, numa panela já bem quente, para dourar com a manteiga e o azeite. Depois de dourá-los rapidamente, retire-os da panela e, à gordura e ao suco dos bifinhos, acrescente a cebola, os pimentões e os tomates, mexendo bastante e deixando amaciarem. A seguir, dissolva a farinha de trigo no vinho tinto e leve à panela, juntamente com o caldo de carne, mexendo bem, e deixando cozinhar um pouco, até engrossar. Acrescente os moranguinhos, limpos e lavados, e as cerejas. Quando abrir a fervura, volte à panela com os bifinhos, apenas o tempo suficiente para abrir a fervura novamente e aquecer tudo.

Bolo de carne
(4 pessoas)

1kg de carne moída
4 ovos
3 cebolas picadas
3 dentes de alho picados
1 tomate picado
queijo parmesão ralado
sal e pimenta

O ideal é utilizar carne moída com um mínimo de gordura. Misture a carne moída com os ovos, o alho, a cebola, o tomate, temperando com sal e pimenta. Com essa mistura, forre uma fôrma refratária, polvilhando a superfície com queijo ralado (de preferência, ralado na hora). Leve ao forno por 30 minutos, aproximadamente.

Carne à moda inglesa
(6 pessoas)

1 pedaço inteiro de contrafilé (cerca de 1kg)
2 cebolas picadas
1 dente de alho picado

3 cenouras cortadas em tiras
1 xícara de caldo de carne
1 xícara de vinho tinto fresco
3 batatas grandes cortadas em seis pedaços
azeite de oliva, sal e pimenta-do-reino a gosto
½ repolho pequeno cortado em 6 pedaços

Tempere a carne com sal, pimenta e alho. Coloque-a numa assadeira untada com azeite de oliva com a gordura virada para baixo. Por cima da carne, coloque as cebolas, as cenouras e o caldo de carne. Leve ao forno por 30 minutos. Após, vire a carne e coloque as batatas, o repolho e o vinho. Deixe no forno por mais 30 minutos.

Carne de panela com molho de nata
(4 pessoas)

1kg de carne
2 cebolas cortadas em pedaços
3 tomates cortados ao meio
200g de cogumelos
½ xícara de molho de soja

2 colheres de sopa de farinha de trigo
300g de nata
½ litro de caldo de carne
3 colheres de sopa de massa de tomate
sal e azeite de oliva

Corte a carne em pedaços médios, tempere com sal e coloque para refogar com azeite de oliva. Depois tampe a panela e deixe cozinhar. Para fazer o molho, bata no liquidificador as cebolas e os tomates, o molho de soja, a farinha de trigo, o caldo de carne e a massa de tomate. Junte o molho batido à carne e deixe cozinhar por, em média, uma hora e meia. Quando o molho estiver consistente, adicione a nata e os cogumelos. Misture bem e sirva!

Carne de panela simples
(6 pessoas)

1kg carne de segunda sem osso (paleta ou acém)
2 cebolas médias cortadas grosseiramente
2 tomates cortados grosseiramente
1 colher de sopa de farinha de trigo

3 xícaras de água
2 colheres de sopa de extrato de tomate
6 colheres de sopa de óleo
sal e pimenta

A chamada carne de segunda tem, na verdade, um sabor de primeira. Corte a carne em pedaços médios e frite em óleo bem quente, até dourar. Bata as cebolas e os tomates no liquidificador com a farinha de trigo, o extrato de tomate e a água. Esses ingredientes liquidificados devem ser levados à panela quando a cor da carne estiver boa. Tempere com sal e pimenta, mexa bem e tampe a panela para cozinhar até engrossar o molho e a carne ficar macia. É preciso cuidar para o molho não reduzir muito. Vá acrescentando um pouco de água, se isso acontecer. Pode-se acrescentar um copo de vinho junto com a água, no início da preparação, no liquidificador. Arroz branco e aipim frito são os acompanhamentos ideais deste prato.

Pimenta afrodisíaca

De vez em quando me perguntam sobre comidas afrodisíacas. Existe muita conversa a respeito. De verdade, desde a Antiguidade clássica, apenas a pimenta, e muito especialmente, a pimenta vermelha, é considerada afrodisíaca. Hipócrates, o pai da medicina, receitava pimenta como remédio eficaz para dores de estômago, falta de apetite e também como afrodisíaco. A pimenta contém uma substância de efeito estimulante sobre o humor, liberando endorfina, e aquele ardor que provoca, dizem os estudiosos, não é por acaso.

Cassoulet de filé mignon
(8 pessoas)

1kg de filé mignon cortado em cubos
½kg de presunto cortado em tiras
4 ovos cozidos picados
15 azeitonas verdes sem caroço
15 azeitonas pretas sem caroço
1 lata de milho em conserva

1 cebola picada
1 copo de vinho branco seco
1 tomate picado
2 colheres de sopa de manteiga
sal e pimenta-do-reino a gosto

Numa panela, doure a manteiga e frite a cebola. Coloque a carne e o presunto para fritar. Em seguida, acrescente o tomate e tempere com sal e pimenta. Deixe cozinhar e depois coloque o vinho. Por último, junte o milho, os ovos e as azeitonas.

Chuletas empanadas com flocos de milho
(4 porções)

4 chuletas de suíno
2 ovos
flocos de milho (sem açúcar)
sal e limão

A curiosidade nesta receita é que em vez de utilizar farinha de rosca para empanar, usa-se *corn-flake* ou sucrilhos sem açúcar. Tempere as chuletinhas de suíno com sal e limão. Bata os ovos, misturando bem clara e gema. Passe as chuletas no ovo e, em seguida, nos flocos de milho sem açúcar, para empanar, como um bife à milanesa. Depois, frite numa frigideira com óleo bem quente. Opcionalmente, em vez de fritar, coloque as chuletas já empanadas numa assadeira untada e leve ao forno forte, até dourarem. Também fica uma delícia.

Chuletinhas de porco ao forno

suco de 2 limões
2 ovos
farinha de rosca
chuletas de porco
sal e pimenta-do-reino

Tempere as chuletinhas de porco com o limão, o sal e a pimenta. Depois bata os ovos e passe as chuletinhas no ovo e depois na farinha de rosca. Coloque-as numa fôrma e leve ao forno por aproximadamente 40 minutos.

Fios de carne
(10 pessoas)

1 pedaço de tatu de 1kg, aproximadamente
2 cebolas picadas
2 dentes de alho picados
3 tomates picados
sal e pimenta-do-reino a gosto
½ litro de vinho
½ litro de suco de laranja
½kg de espaguete

Uma das receitas campeãs da TV. É um prato facílimo de fazer e fica espetacular. Leve ao fogo uma panela ampla, com um corte de lagarto (ou tatu, como dizemos aqui) e mais cebola, alho, tomate e tudo que tiver direito. Acrescente vinho e suco de laranja em quantidades iguais, ½ litro de cada. E deixe cozinhar, no mínimo umas duas horas, o tempo suficiente para amolecer e "desmanchar" o tatu, que é muito fibroso e vai se desfazer em fios de carne. Quando a carne estiver completamente desfiada, bem separadas as fibras, acrescente ali, na própria panela, a massa crua (espaguete) para cozinhar naquele molho. Os fios de espaguete vão se misturar com os fios de carne, num belo efeito. A massa cozida no molho fica de sabor indescritível.

Iscas de charque com milho verde
(4 pessoas)

500g de charque cortado em tirinhas
1 xícara de cebola picada
4 dentes de alho picados
2 colheres de sopa de purê de tomate
sal e pimenta
tempero verde picado
1 lata de milho verde (ou duas espigas de milho)

Lave bem o charque, deixando de molho na água, para dessalgar, de um dia para o outro. Deixe escorrer e frite numa panela de ferro bem quente, usando a própria gordura do charque. Quando estiver dourado, acrescente a cebola, o alho, o purê de tomate, a pimenta e o sal. Muito cuidado com o sal. Refogue bem, adicionando água até cobrir o charque. Deixe cozinhar por cerca de 20 minutos. Se estiver muito duro, ponha mais água para terminar o cozimento. No fim, acrescente o milho, misturando bem. Salpique o tempero verde por cima; vai dar um belo contraste. Sirva com arroz branco.

O precioso vinagre

O vinagre é um ingrediente precioso na cozinha. Primeira utilidade: é uma garantia de higiene. Misturado com água, o vinagre é excelente para lavar legumes e até algumas frutas.

No tempero de saladas, todos sabemos que ele é indispensável. E aqui uma receita simples para fazer um bom tempero para saladas. Dissolva o sal em um pouco de água quente e acrescente vinagre ou suco de limão e depois uma quantidade igual de azeite.

Não se deve temperar a salada com muita antecedência porque o tempero vai tirando o viço das folhas e deixa a salada com mau aspecto. O ideal é temperá-la uns 10 minutos antes de comer.

Lombinho à parmigiana
(4 pessoas)

800g de lombinho de porco
1 cebola bem picada
1 tomate bem picado
3 colheres de massa de tomate
200g de queijo fatiado
1 cálice de vinho tinto
farinha de trigo
limão e sal
azeite de oliva

Corte o lombinho em medalhões. Tempere-os com sal e limão. Passe-os na farinha de trigo e leve para fritar com azeite de oliva numa frigideira que possa ir ao forno. Depois que eles estiverem dourados, coloque a cebola e o tomate, a massa de tomate e o vinho. Deixe o molho engrossar. Acrescente fatias de queijo por cima e leve ao forno para derreter o queijo.

Lombinho de porco no vinho tinto
(6 pessoas)

1kg de lombinho de porco
½ xícara de molho de soja
3 colheres de sopa de azeite de oliva
3 cebolas
3 tomates
3 dentes de alho
1 pimentão
1 colher de sopa de farinha de trigo
1 xícara de caldo de carne
½ garrafa de vinho tinto
sal

Tempere o lombo com sal e um pouco do molho de soja. Leve para a panela com o azeite de oliva. Deixe fritar bem, dos dois lados. No liquidificador, faça o molho com as cebolas, os tomates, o alho, o pimentão, a farinha de trigo, o caldo de carne, o restante do molho de soja e o vinho. Bata bem e coloque na panela junto com o lombo já bem dourado. Deixe cozinhar por 40 minutos, mais ou menos. Se preferir, coloque batatas com casca para cozinhar no molho. E está pronto!

Lombo de porco recheado
(6 pessoas)

1 lombo de porco de 1kg aproximadamente
100g de presunto fatiado
1 lata de abacaxi em calda
½ garrafa de vinho branco seco
sal, azeite de oliva e pimenta-do-reino a gosto
1 dente de alho picado
1 cebola picada
suco de 1 limão

Tempere o lombo de véspera com sal, pimenta, alho, cebola, azeite de oliva e limão. No dia, corte o lombo em fatias sem ir até o fundo. Entre elas, coloque uma fatia de presunto e uma de abacaxi. Coloque em uma fôrma untada com bastante azeite de oliva e despeje o vinho por cima. Leve ao forno médio até dourar.

A carne vermelha gaúcha

Os portugueses têm um ditado popular que diz: "Peixe não puxa carroça", sugerindo que peixe, uma comida leve e de fácil digestão, não é tão nutritivo quanto a carne, por exemplo. É claro que isso não é verdade, porque o peixe é altamente nutritivo. Mas nós, aqui no Rio Grande do Sul, também acreditamos que, no fundo, a boa carne alimenta mais do que o peixe. Temos o hábito cultural da carne. Não é à toa que as campanhas contra a carne vermelha, acusando-a de altas taxas de colesterol, não fazem muito sucesso por aqui. Nesse ponto, há uma certa razão na preferência dos gaúchos. É que a carne gaúcha não é produzida como na Europa ou nos Estados Unidos, com o gado confinado. No confinamento, a carne tem muitas toxinas. Aqui, o gado é criado na maior parte campo afora, se movimentando, eliminando as toxinas. Por isso, a carne gaúcha é chamada de "carne verde". Carne verde? É, isso mesmo, carne verde. Porque a nossa carne é produzida da forma mais saudável, segundo os princípios ecológicos. E, além de saborosa e sadia, tem a cor bem vermelhinha.

Matambre enrolado tradicional
(6 pessoas)

1kg de matambre
sal e pimenta
4 dentes de alho picados
2 cebolas picadas
500g de guisado, bacon e lingüiça desmanchada para o recheio

Utilize um batedor de bifes e bata com vontade no matambre para que amoleça. Depois ferva-o numa panela com água, sal, alho, pimenta e cebola por 40 minutos. Deixe esfriar, reserve a água, que ela é preciosa, e abra o matambre. Espalhe sobre o matambre esticado uma mistura bem homogênea de guisado, bacon, lingüiça desmanchada, e mais alho e cebola bem picados. Enrole-o cuidadosamente, para que o recheio fique bem distribuído, e amarre-o. Leve ao fogo numa panela com um pouco de gordura para fritar, virando o matambre enrolado para dourar parelho de todos os lados. Depois, adicione aos poucos aquela água em que o matambre foi fervido inicialmente e que ficou reservada. Vá fazendo um molho. Tampe a panela e de vez em quando verifique o cozimento, que deverá se completar em 40 minutos aproximadamente.

Pernil com molho de coca-cola ou pepsi-cola
(6 pessoas)

1 pernil de cordeiro jovem de aproximadamente 1½kg
1 xícara de caldo de carne
1 lata de coca-cola ou pepsi-cola
1 xícara de café passado
3 colheres de sopa de molho de soja
3 colheres de sopa de azeite de oliva
2 tomates
2 cebolas médias picadas
2 dentes de alho picados
1 colher de sopa de açúcar
farinha de trigo
suco de 1 limão
sal e pimenta-do-reino a gosto

Existem várias receitas que ficam excelentes com refrigerante. Esta receita eu já publiquei nas *Novas Receitas do Anonymus* e coloco agora novamente, porque é uma das campeãs da TV. É muito saborosa e bem fácil de fazer. Vamos lá. Tempere o pernil de cordeiro com sal e pimenta e coloque numa assadeira que possa ir ao fogo direto do fogão. Passe um pouquinho de farinha de trigo e açúcar dos dois lados. Leve ao fogo com o azeite de oliva, fritando de todos os lados, até dourar. Acrescente o alho e a cebola. Em seguida, misture o caldo de carne, o café passado, a coca (ou pepsi-cola) e o molho de soja e derrame na fôrma por cima do pernil. Mexa bem para que forme um molho homogêneo em torno dele. Leve ao forno, na assadeira, por uma hora, mais ou menos. Controle o molho para não secar, acrescentando água, ou caldo de carne, se necessário. De vez em quando, regue o pernil com o molho. Na fôrma, você pode assar junto batatas e cebolas, inteiras e com casca, fica uma delícia.

Picadinho com abóbora e ervilhas
(6 porções)

½kg de carne picada
½kg de abóbora cortada em cubos
½kg de ervilhas frescas ou congeladas
1 colher de sopa de farinha de trigo
6 colheres de cebola picada
1 tomate bem picado
2 colheres de sopa de extrato de tomate
2 dentes de alho esmagados
2 colheres de sopa de farinha de trigo
sal e pimenta-do-reino

Numa panela de ferro com óleo bem quente, frite a carne, bem misturada com a farinha, mais a cebola, o alho, uma colherzinha de sal e uma de pimenta, refogando bem. Junte a seguir o tomate e deixe cozinhar por alguns minutos. Quando o picadinho estiver quase no ponto, agregue a abóbora e as ervilhas. Tampe a panela e deixe cozinhar, lembrando que a abóbora e as ervilhas não precisam de muito tempo para cozinhar. Cuide especialmente para que a abóbora não desmanche – em menos de 10 minutos está no ponto.

Picanha ao molho de cerveja preta
(8 pessoas)

1 picanha de aproximadamente 1,2kg
4 cebolas com casca cortadas ao meio
8 batatas médias com casca
1 lata de cerveja preta
2 xícaras de caldo de carne
1 colher de sopa de farinha de trigo
sal e azeite de oliva

Frite a picanha numa fôrma com azeite de oliva. Tempere-a com sal e coloque esta fôrma no forno. Em outra panela, prepare o molho misturando a cerveja, o caldo de carne e a farinha diluída em água. Coloque o molho por cima da picanha e acrescente as batatas e as cebolas bem lavadas. Deixe assar por no mínimo 1 hora e meia. Sirva bem quente!

Vinho, santo remédio

Genericamente, já ouvimos falar dos benefícios do vinho na prevenção de doenças, especialmente as cardiovasculares. A novidade é que alguns cientistas já estão dizendo que o vinho, além de prevenir doenças, também cura. O escritor francês Raymond Dumay cita, no seu *Guia do Vinho*, um certo Dr. Eylaud, de Bordeaux, que garante: tudo pode ser curado com um vinho. Assim como existem vinhos apropriados para cada refeição e ocasião, acredite se quiser, há um vinho para cada doença. Para hipertensão, por exemplo, ele recomenda "vinhos brancos leves, secos ou licorosos, com pouco tanino". Aos cardíacos, ele aconselha consumir, "muito prudentemente, brancos leves e tintos frutados". Para depressões psicológicas, prescreve "um bom tinto encorpado ou os brancos com alto teor alcoólico". Na lista de recomendações desse médico extraordinário, o vinho é um santo remédio até mesmo para... o fígado! Exatamente: para o fígado. Nesse caso, o admirável Dr. Eylaud receita "tintos em geral e brancos pouco açucarados". Era só o que faltava: abrir um bom vinho passa a ser, literalmente, a cura de todos os males. Até do fígado.

Picanha do avesso
(6 pessoas)

1 picanha de 1½kg
50g de queijo gorgonzola
50g de queijo lanche ou prato
50g de salame italiano
azeite de oliva

Abra uma fenda na parte mais larga da picanha. Lambuze bem a picanha com azeite de oliva e vire-a do avesso (como quem vira do avesso uma luva ou uma meia), deixando a camada de gordura para dentro. Recheie com os queijos e com o salame e leve ao forno, o tempo suficiente para assar a picanha, 30 a 40 minutos, ou mais, dependendo do forno.

Rabada com molho de vinho e aipim
(6 pessoas)

1 rabada inteira
1 cebola picada
3 dentes de alho esmagados

1 pimentão picado
½kg de aipins cortados em pedaços
4 tomates picados
1 colher de sopa de massa de tomate
1 cubo de caldo de carne
2 xícaras de vinho tinto
½ xícara de molho de soja
farinha de trigo
6 colheres de sopa de óleo ou banha

Numa panela de ferro bem quente, com óleo ou banha já fervendo, coloque os pedaços da rabada previamente passados em farinha de trigo, junto com a cebola, para fritar bem. Adicione um pouco de água, se necessário, para não queimar. Acrescente o alho, o pimentão, os tomates, o vinho e o molho de soja, deixando cozinhar por alguns minutos. Quando o molho começar a ficar homogêneo, acrescente o aipim, um pouco de água e tampe a panela. Abra de vez em quando para mexer, cuidando para o molho não secar. Adicione um pouco de água, se o molho reduzir muito antes de a rabada ou de o aipim cozinharem bem. Sirva com arroz branco e salada verde.

Rocambole de guisado
(6 pessoas)

1kg de guisado
2 gemas
50g de bacon picado
100g de queijo fatiado
100g de presunto fatiado
1 cebola bem picada
1 colher de sopa de farinha de trigo
sal
filme plástico

Primeiro, tempere o guisado com sal, misturando bem a ele as duas gemas e a farinha de trigo, até ficar uma massa homogênea. Abra essa massa, com as mãos, em cima do filme plástico bem esticado, coloque sobre ela, primeiro, a cebola, depois, o bacon, o presunto e o queijo. Enrole o rocambole aos poucos, com o auxílio do filme plástico, dando-lhe a forma de um cilindro. Coloque-o numa assadeira bem untada e leve-o ao forno, durante 1 hora, aproximadamente.

Tatu coroado
(6 pessoas)

1 pedaço de carne bovina tipo lagarto (tatu) de cerca de 2kg
½ garrafa de vinho tinto de boa qualidade
2 xícaras de suco de laranja
3 tomates picados
3 cebolas grandes picadas
3 colheres de farinha de trigo
pimenta-do-reino moída na hora e sal a gosto
200g de bacon em fatias
200g de queijo mozarela fatiado
queijo parmesão ralado
½kg de massa caseira (fettuccine ou espaguete)

Numa panela de ferro aquecida, frite bem a carne (previamente passada na farinha de trigo), dourando-a uniformemente. A sugestão é que seja lagarto (ou tatu, como se diz no Rio Grande), mas pode ser outro corte firme. Depois de dourada a carne, acrescente a cebola para fritar. Adicione a seguir o tomate, pimenta-do-reino, sal, o suco de laranja e o vinho. Tampe a panela e deixe cozinhar cerca de 2½ horas. A carne vai ficar macia e o molho espesso e atraente.

Quando a carne estiver pronta, retire-a da panela, reservando o molho. Corte a carne em fendas transversais, sem separar as fatias. Em cada fenda, coloque uma fatia de mozarela e uma de bacon. Arrume tudo numa assadeira, coloque uma colher de molho por cima e leve ao forno até derreter um pouco o queijo e o bacon. Enquanto a carne estiver no forno, cozinhe em água abundante a massa, procurando sincronizar as duas operações para que a carne e a massa fiquem prontas simultaneamente. Então aqueça o molho que ficou reservado e espalhe uma parte dele sobre a massa, com queijo ralado por cima. Use o restante do molho para regar a carne. Sirva a carne e a massa em travessas separadas.

Tatu na panela
(6 pessoas)

1 pedaço de tatu (lagarto) de 1½kg, mais ou menos
1 cebola média bem picada
1 lata de cerveja preta
200g de copa ou salamito em fatias fininhas
sal e pimenta

O "tatu" é a forma gaúcha de chamar a parte do boi denominada "lagarto" em outros lugares. Antes de cozinhar, há o costume de surrá-lo, pois é muito duro, para amolecer as fibras.

Coloque o tatu de véspera num tempero de cebolas cortadas, cerveja preta, pimenta e sal. Não fure a carne para não sair o suco, pois ele pode ficar muito seco depois. Numa panela de ferro bem quente, coloque o tatu para fritar bem, até dourar de todos os lados, colocando um pouco de água, se necessário, para que a carne não queime. Acrescente a copa ou o salamito para fritar rapidamente, e em seguida o tempero em que o tatu ficou de molho na véspera, completando com mais um pouco de água. Tampe a panela e deixe cozinhar. De vez em quando, dê uma mexida para virar a carne e revolver o molho. É importante não deixar a carne secar nem grudar no fundo da panela. Se o tatu ainda estiver duro, prolongue o cozimento, tendo sempre o cuidado de acrescentar água para não secar o molho. Quando a carne estiver bem cozida, no ponto ideal, bem macia, retire-a da panela e corte-a em fatias. Pode-se fazer render o molho com um pouco de água, engrossando com uma colher de farinha de trigo, se for necessário.

🍽️🍽️🍽️

Estrogonofe de moelas
(6 pessoas)

1kg de moelas
2 tomates picados
2 cebolas picadas
1 vidro pequeno de cogumelos em conserva (100g)
1 colher de sopa de farinha de trigo
1 cálice de vinho
1 colher de sopa de molho de soja
3 colheres de sopa de extrato de tomate
1 lata de creme de leite

Cozinhe as moelas na panela de pressão por 30 minutos com as cebolas. Reserve o caldo e refogue, numa frigideira, as moelas na manteiga, com as cebolas, o tomate e o extrato de tomate. Vá agregando o caldo reservado. Dilua a farinha de trigo no vinho, misture o molho de soja e acrescente à frigideira. Misture e deixe cozinhar até engrossar. Por último, misture os cogumelos e o creme de leite, retirando do fogo antes de abrir fervura.

A casca da batata

Não jogue fora as cascas de batata, que elas têm muitos usos. Um deles: frite-as em óleo quente, tempere com sal e sirva como aperitivo. Fica ótimo. Sabe como é, nesta época de férias, sempre aparece um amigo, ou vizinho, na hora do aperitivo. Assim, você economiza e ainda vai surpreender os convidados com uma delícia.

Outro uso legal para as cascas de batata é para quem tem plantas em casa. Bata as cascas de batata no liquidificador e você terá um excelente adubo para suas plantas. No jardim ou mesmo naqueles vasos de flores ou de temperos especiais, você vai ver o efeito das cascas de batatas: um adubo limpo e sem cheiro.

Estrogonofe de peru
(8 pessoas)

1kg de peru cortado em cubos
2 cebolas e 2 dentes de alho bem picados
½ xícara de molho de soja
½ garrafa de vinho tinto
3 colheres de sopa de massa de tomate
200g de nata
200g de cogumelos em conserva
1 colher de sopa de farinha de trigo
sal e pimenta a gosto

Uma variante do estrogonofe tradicional. Tempere os cubos de peru com sal, pimenta e molho de soja. Refogue o peru até dourar os cubos. Junte a cebola e o alho, refogando e misturando bem. À parte, misture o vinho, a massa de tomate e a farinha de trigo e leve à panela. Deixe cozinhar por alguns minutos. Depois acrescente a nata, mexendo bem, e os champignons. No final, acerte o sal.

Frango com maçãs verdes da Dona Mimi

(6 pessoas)

3 peitos de frango
3 cebolas cortadas em rodelas
4 maçãs verdes descascadas e cortadas em cubos
3 xícaras de molho de carne (ver receita à p.157)
1 xícara de molho doce (ver receita à p. 158)
2 cálices de vermute seco
1 dente de alho picado
azeite de oliva, manteiga
farinha
sal e pimenta-do-reino

Esta receita foi um dos destaques do livro *Novas receitas do Anonymus Gourmet* e, em uma merecida homenagem, é repetida aqui. Tempere os peitos de frango com sal, pimenta e alho. Aqueça o azeite e frite-os, acrescentando as cebolas. Adicione o molho de carne e o molho doce. Depois, junte as maçãs. Por último, o vermute, deixando levantar fervura.

Frango com molho de vinho tinto
(4 pessoas)

600g de frango (peito ou sobrecoxa sem osso)
1 vidro de cogumelos em conserva (100g)
1 cebola picada
2 colheres de sopa de farinha de trigo
2 dentes de alho picados
1 copo de vinho tinto
1 copo de caldo de galinha
sal e pimenta branca

Tempere os filés de frango com sal e pimenta e frite-os em frigideira com manteiga. Depois de dourados, retire-os do fogo e reserve, aproveitando o molho da frigideira para fritar os cogumelos em fatias, a cebola e o alho. Dilua a farinha de trigo no copo de vinho tinto e agregue à panela, juntamente com o caldo de galinha, deixando cozinhar até engrossar. Corrija o sal e coloque os filés de frango no molho, deixando abrir a fervura e cozinhando por alguns minutos. Sirva com arroz ou com massa.

Frango de caldeirada
(6 pessoas)

1½kg de frango
3 dentes de alho
1 garrafa de vinho branco
2 cebolas cortadas em rodelas
2 tomates cortados em rodelas
azeite de oliva

Esta receita é uma adaptação de uma especialidade portuguesa, da Ericeira. Corte o frango em pedaços, pelas juntas. Esfregue o alho nos pedaços, com o sal e a pimenta. Depois, coloque numa panela três colheres de sopa de azeite de oliva, dispondo em cima os pedaços do frango, numa primeira camada. A seguir, uma camada de cebolas e uma de rodelas de tomate, depois, novas camadas de frango e, novamente, cebola e tomate. Regue com azeite de oliva e vinho branco, levando a panela, tampada, ao fogo, para cozinhar.

Frango esperto
(6 pessoas)

1 frango cortado em pedaços
½ xícara de bacon cortado em cubos
½ xícara de cogumelos laminados
4 tomates maduros cortados em rodelas
1 colher de sopa de farinha de trigo
5 colheres de sopa de conhaque
½ xícara de azeitonas verdes
1 copo de vinho tinto
manteiga
sal e pimenta-do-reino

Adaptação de uma receita portuguesa, de Felicia Sampaio, Editora Culinária, do *Roteiro Gastronómico de Portugal*. Passe os pedaços de frango (previamente temperados com sal e pimenta) na farinha. Frite-os numa frigideira ampla, com o bacon, os cogumelos, as rodelas de tomate e as azeitonas, pondo manteiga suficiente para dourá-los. Corrija o sal e deixe cozinhar um pouco. Junte o conhaque, "puxando" o fogo para flambar. Quando apagar o fogo do flambado, acrescente o vinho e deixe cozinhar por mais uns 15 minutos em fogo bem baixo.

Dicas para lavar a louça

Sobre aquela polêmica de quem cozinha melhor, os homens ou as mulheres, afirmei aqui que não sei se os homens cozinham melhor do que as mulheres. Só tenho certeza de uma coisa nessa polêmica: os homens lavam a louça melhor do que as mulheres. Bem, aí vão algumas dicas para lavar a louça, dicas especialmente para os homens.

Você pode usar um detergente barato e acrescentar, para cada meio litro, uma colher de sopa de vinagre. O vinagre cortará a gordura e deixará a louça brilhando.

Outra: para que o fundo das panelas de alumínio continue brilhando depois de lavadas, coloque as panelas molhadas durante dois ou três minutos sobre o fogo. Depois passe uma palha de aço seca para dar brilho.

E para limpar bem as panelas tefal, use jornal e pó de café usado.

São pequenas dicas para lavar a louça. De homem pra homem.

Frango surpresa
(4 pessoas)

700g de frango
1 litro de leite
1 pacote de creme de cebola
azeite

Num refratário untado com óleo coloque os pedaços de frango. Misture o leite gelado com o creme de cebola. Coloque a mistura sobre o frango e leve ao forno por hora e meia, mais ou menos. Retire e sirva com arroz branco.

Peito de pato
Magret de canard
(2 pessoas)

1 pato
azeite de oliva
manteiga

Para o molho:
150g de cenouras cortadas grosseiramente
150g de cebolas cortadas grosseiramente

caldo de galinha
300ml de suco de laranja

    A medida da receita é de um pato para cada duas pessoas. Retire o peito e reserve a carcaça para o molho. Frite o peito na manteiga, no lado da pele, até dourar bem. Só vire quando a pele estiver bem dourada. Deve ficar mal passado, vermelho-rosado no centro. Para fazer o molho, coloque um pouco de óleo de oliva na panela e frite a carcaça. Quando estiver no ponto, retire o excesso de gordura. Passe a cenoura, a cebola, o caldo de galinha (que foi preparado antes) e o suco de laranja no liquidificador e acrescente à panela. Deixe ferver por uns 45 minutos. Quando estiver pronto, coe e deixe cozinhar por mais uns 15 minutos. O pato é servido fatiado, sua aparência é de um rosbife. Coloca-se o molho por cima. Acompanha arroz com brócolis.

Peitos de frango à moda da vovó
(4 pessoas)

3 peitos de frango temperados a gosto
1 xícara de azeite de oliva
2 tabletes de caldo de galinha
1 cenoura fatiada
2 pimentões verdes cortados em tiras
2 tomates fatiados
2 cebolas fatiadas
12 azeitonas pretas sem caroço picadas
1 garrafa de vinho tinto seco
1 colher de sopa de tempero verde picado
sal e pimenta a gosto

Em uma fôrma, coloque o azeite, o frango temperado e os tabletes de caldo de galinha esfarelados. Depois, junte os demais ingredientes e, por fim, a garrafa de vinho. Asse em forno quente com a fôrma coberta, por 30 minutos, em seguida abra para dourar.

Peru no liquidificador
(8 a 10 pessoas)

Para o recheio:
1½kg de carne de peru cortada em cubos
4 dentes de alho amassados
2 cebolas picadas
2 colheres de sopa de óleo
3 tomates cortados em pedaços
2 colheres de sopa de farinha de trigo
½ xícara de água
folhas de louro e sal a gosto
Para a massa:
3 ovos
1½ xícara de leite
¾ de xícara de óleo
2 xícaras de farinha de trigo
1 colher de sopa de fermento em pó
sal a gosto

É uma gostosa torta recheada com peru. Na verdade não é o peru que vai no liquidificador, e sim a massa. Para fazer o recheio, tempere o peru com o alho e o sal. Reserve. Aqueça o óleo numa panela grande e acrescente o peru temperado. Cozinhe, mexendo de vez em quando, até dourar um pouco. Junte as cebolas, os tomates, o louro e cozinhe com a panela tampada até a carne ficar macia. Acrescente a farinha de trigo dissolvida na água e leve ao fogo até engrossar. Verifique o tempero e reserve. Para fazer a massa, bata todos os ingredientes indicados, no liquidificador, até obter uma mistura homogênea. Coloque metade da massa numa fôrma refratária untada. Cubra com o recheio e coloque o restante da massa por cima. Leve ao forno preaquecido, em temperatura moderada, por cerca de 45 minutos.

Abobrinhas gratinadas
(8 pessoas)

1kg de abobrinhas cortadas em rodelas
200g de bacon picado
2 ovos
2 xícaras de queijo lanche cortado em tiras
1½ xícara de leite
1 punhado de farinha de rosca
1 punhado de queijo parmesão ralado

Unte um prato refratário e coloque as rodelas de abobrinha de forma a cobrir todo o fundo do prato. Bata os ovos e misture ao leite. Coloque a mistura sobre a camada de abobrinhas. Faça outra camada de bacon, outra de queijo, outra de abobrinha, outra de bacon e a última de queijo. Por cima, espalhe o queijo ralado e a farinha de rosca. Leve ao forno por uma hora, aproximadamente. Retire e sirva!

Alface com fígado de aves

folhas de alface
3 fígados de galinha por pessoa
manteiga
molho de soja
sal e pimenta a gosto

Este é o chamado colchão juliana de alface com fígado de aves, uma entrada excelente para um bom jantar. Cubra o fundo de um prato com alface cortada em tirinhas temperada a gosto. Corte o fígado em filés, tempere com sal e pimenta e doure-os na manteiga, acrescentando duas colheres de sopa de molho de soja. Depois de bem cozidos, arrume-os sobre a salada de alface. Sirva frio ou quente.

Desperdício de alimentos

Num país como o nosso, é impressionante como se desperdiça alimentos. Sabe aquelas folhas que vêm no molho de beterraba? Fico impressionado porque as pessoas, automaticamente, sem nem pensar, na hora de preparar as beterrabas colocam no lixo as folhas, sem saber que são vegetais muito nutritivos, riquíssimos em vitaminas, e muito saborosos. Faça o teste. Em vez de jogar no lixo, lave as folhas da beterraba e coloque numa vasilha com água e um pouco de vinagre branco. Escorra e pique. Depois, acrescente as folhas picadas da beterraba a um refogado feito com dois dentes de alho e duas colheres de sopa de azeite de oliva. Adicione uma pitada de sal e uma pitada de pimenta. Você terá um acompanhamento nutritivo e saboroso para carnes e para enriquecer a refeição.

Barreado
(10 pessoas)

3kg de coxão duro cortado em cubos de mais ou menos 2cm
500g de bacon
7 tomates sem sementes batidos no liquidificador com 1 xícara de água
2 cebolas cortadas em quadradinhos
1 xícara de vinagre
½ xícara de óleo ou azeite
2 colheres de sopa de sal
9 dentes de alho cortados em lâminas
1 colher de pimenta-do-reino
1 maço de salsinha mal picada
600g de farinha de mandioca

    Misture bem a carne com o sal, a cebola, o vinagre, o óleo, o alho, a pimenta-do-reino, os tomates, as folhas de louro e, por último, a salsinha. Use um caldeirão (ou panela) de barro – indispensável. Faça uma "cama" com o bacon no fundo da panela, adicione a carne temperada bem misturada. Tampe. Na junção da tampa com a panela faça uma vedação com uma goma feita de farinha de mandioca e água, bastando misturar aos poucos até formar uma liga úmida.

Deixe a panela sobre uma chapa, em fogo baixo, por aproximadamente 15 horas. Sirva em prato fundo, colocando uma camada de farinha de mandioca crua (fina) e por cima a carne, que se dissolveu com o cozimento. Acompanha banana refogada na manteiga, ou mesmo banana crua.

Batatas ao murro
(8 pessoas)

8 batatas médias com casca
3 colheres de sopa de azeite
3 dentes de alho
sal a gosto

Preaqueça o forno em temperatura quente (250°C). Lave bem as batatas, em água corrente, com uma escova. Coloque-as em uma assadeira e leve ao forno, até ficarem macias e a casca estalar ao ser tocada. Com a mão protegida por um pano ou por uma luva de cozinha, dê um "murro" em cada batata. De leve, para não destruir as batatas. Apenas o suficiente para amassá-las. Em uma frigideira ampla, aqueça o azeite com o alho. Junte, aos poucos, as batatas e frite-as dos 2 lados para dourar. Retire o alho antes que queime. Ao retirar as batatas da frigideira com azeite, escorra em papel absorvente. Tempere com sal e sirva bem quente.

Batatas com bacon
(4 pessoas)

½kg de batatas em rodelas e meio cozidas em água e sal
3 cebolas médias cortadas em rodelas
200g de bacon picado
100g de queijo parmesão ralado
sal, pimenta e manteiga
1 xícara de molho branco (ver receita à p. 151 – *O molho branco do marquês*)

Num refratário untado com manteiga, coloque uma camada de batatas temperadas com sal e pimenta, outra camada de cebolas, outra de bacon e por último o molho branco. Polvilhe com queijo ralado e leve ao forno para gratinar.

Batatas mágicas
(6 pessoas)

3 batatas (calcule meia batata por pessoa)
½kg de carne moída
1 pimentão verde picado
1 cebola média picada
2 colheres de sopa de massa de tomate
2 tomates picados
200g de queijo parmesão ralado
sal e pimenta-do-reino
azeite de oliva, manteiga

Fure as batatas com um garfo e passe óleo de oliva. Leve-as para o forno por uma hora e meia, para que elas fiquem moles por dentro. Corte-as ao meio, retire e reserve o miolo, deixando uma concavidade em cada uma das metades de batata. Numa frigideira ampla, coloque óleo de oliva e refogue a carne moída. Depois de bem refogada, acrescente o pimentão, a cebola, a massa de tomate e os tomates. Misture bem e acrescente o miolo das batatas, incorporando-o bem à carne moída e aos demais ingredientes. Dê mais uma refogada nesse recheio e reserve. Cubra a concavidade das metades de batatas com esse recheio à base de carne e depois cubra com queijo ralado. Leve ao forno novamente para gratinar. Retire e sirva!

Bolinhas recheadas

farinha de trigo (o suficiente para dar liga)
2 tabletes de margarina (440g)
1 pitada de sal
2 colheres de chá de açúcar
1 xícara de leite
2 pacotinhos de fermento
200g de queijo parmesão ralado
goiabada, ou queijo, ou presunto...
1 ovo para pincelar

Misture todos os ingredientes, menos o ovo e a goiabada, e depois coloque a farinha de trigo, aos poucos, amassando bem até a massa ficar ligada e desgrudar da mão. Depois faça as bolinhas e coloque um pedaço de goiabada (ou queijo, ou presunto...) dentro. Leve ao forno preaquecido até que elas comecem a ficar douradas. Bata um ovo inteiro, pincele as bolinhas com o ovo e deixe mais 5 minutos no forno.

Amolecendo o churrasco

Aquela história de que o gaúcho, na próxima encarnação, gostaria de ser cavalo ou avião da Varig é uma imagem de outros tempos, mas tem um fundo de verdade, em relação a um toque de conservadorismo do caráter dos gaúchos.

Têm coisas no Rio Grande que, como diria aquele ministro, são imexíveis. O churrasco, por exemplo. Tudo bem, não quero mudar nada, mexer em nada no churrasco. Em todo o caso, aí vai uma dica para os churrasqueiros. Que vai ficar só aqui entre nós, não precisa contar para os convidados. É o seguinte: antes do churrasco, deixe a carne por algum tempo num molho com sal grosso, coca-cola ou pepsi-cola, suco de laranja e suco de limão. Não altera em nada o sabor autêntico da carne, ninguém vai achar nada estranho e o churrasco ficará muito mais macio e gostoso. Vale a pena experimentar.

Dê uma surra no matambre

O matambre é chamado de *mata hambre* (mata fome) pelos uruguaios porque, nos assados uruguaios, é o primeiro a ser servido para os convidados que chegam famintos, enquanto as outras carnes aprontam.

Me perguntam sobre formas de amolecer o matambre: será no leite? será com mamão? Pode ser. Mas acho que a melhor forma é o sistema antigo: dar uma boa surra no matambre. Bata com vontade, para romper as fibras. Em vez de brigar no trânsito, discutir com amigos, faça isso: dê uma surra no matambre e prepare um prato saboroso para comemorar a paz e a amizade.

Canoinhas de Natal
(6 pessoas)

3 batatas grandes cortadas ao meio
500g de peru cortado
1 cebola picada
2 tomates picados
1 copo de requeijão cremoso (250g)
1 xícara de queijo parmesão ralado

Coloque as batatas para assar. Enquanto isso, faça o recheio. Refogue a carne de peru com azeite de oliva. Acrescente a cebola e o tomate. Deixe cozinhar um pouco. Quando a carne estiver cozida coloque o requeijão. Misture bem e acrescente o queijo ralado. Retire as batatas do forno quando estiverem cozidas e raspe um pouco do miolo. Adicione este miolo ao molho e misture bem. Coloque o recheio nas batatas, cubra com mais queijo ralado e leve ao forno para gratinar.

Empadão de carne desfiada
(6 pessoas)

Para o recheio:
600g de carne assada, ou cozida, desfiada
1 cebola bem picada
2 dentes de alho esmagados ou picados
suco de 1 laranja
1 tomate bem picado
sal e pimenta-do-reino

Para a massa e finalização:
2 xícaras de farinha de trigo
250g de margarina

2 colheres de sopa de óleo
2 ovos

Numa panela aquecida com azeite de oliva, refogue a carne desfiada com a cebola, o alho e o tomate, juntando em seguida o suco de laranja. Tempere com sal e pimenta e deixe cozinhar até que a mistura fique homogênea. À parte, misture os ingredientes da massa, sem sovar. Abra um pedaço dela na farinha de trigo e cubra o fundo de uma fôrma untada com manteiga. Depois, com mais um pouco da massa, cubra as laterais da fôrma, formando uma concavidade inteiramente revestida de massa. Dentro dessa concavidade, coloque o recheio. Com o restante da massa, forme um disco para cobrir tudo, fechando o pastelão. Leve ao forno bem quente, preaquecido, por aproximadamente 30 minutos. Para o recheio, você pode utilizar carnes já prontas de diversos tipos (bovina, ovina, de frango etc.) e, inclusive, sobras de churrasco.

Estrogonofe de brócolis
(4 pessoas)

1 molho de brócolis
1 lata de creme de leite

1 cebola picada
3 colheres de sopa de massa de tomate
1 xícara de caldo de legumes
1 xícara de vinho tinto
500g de lingüiça calabresa cortada em rodelas
azeite de oliva

Frite a lingüiça em azeite de oliva. Na versão vegetariana desta receita, sem a lingüiça calabresa, pule essa parte. Com ou sem lingüiça calabresa, na panela quente com azeite de oliva, junte a cebola, a massa de tomate, o caldo de legumes, o vinho tinto e deixe refogar um pouco. Depois coloque o brócolis cortado. Misture bem. Por último, acrescente o creme de leite, e está pronto.

Farofa africana

50g de moela de peru/galinha
50g de fígado de peru/galinha
50g de coração de peru/galinha
2 cebolas picadas
4 tomates picados
3 dentes de alho picados

½ xícara de passas de uva
½ xícara de azeitonas picadas
½ xícara de molho de soja
3 xícaras de farinha de mandioca

Numa frigideira ampla refogue com óleo a moela, o fígado e o coração picados. Acrescente a cebola, o tomate e o alho. Misture bem e deixe cozinhar um pouco. Coloque as azeitonas e o molho de soja. Acerte o sal e em seguida coloque as passas. Deixe cozinhar mais um pouco e aos poucos coloque a farinha de mandioca. A farofa deve ficar molhadinha. Não deixe secar muito. Está pronto!

Feijão campeiro
(6 pessoas)

1kg de feijão preto
400g de charque
50g de toucinho ou bacon
1kg de lingüiça
1 cebola média picada
½kg de carne de segunda com osso

Escolha o feijão e deixe de molho, de véspera. No dia seguinte, coloque-o no fogo com a água que estava de molho. Deixe ferver um pouco e depois acrescente as carnes com osso, o charque e o toucinho. Quando o caldo começar a engrossar, acrescente a cebola, que deve ser dourada com um pouco de banha em frigideira à parte. Por último, adicione a lingüiça, que não precisa cozinhar muito. Deixe cozinhar por mais algum tempo, até o caldo ganhar uma boa consistência.

Fervido
(15 pessoas)

2kg de carne de peito com osso
1kg de batatas-doces em pedaços
500g de cenouras em pedaços
500g de nabos em pedaços
1kg de batatas brancas inteiras
1kg de chuchus em pedaços
1kg de abóbora em pedaços
5 milhos verdes cortados em três partes
3 molhos de couve cortados em tiras
2 pimentões sem sementes cortados em pedaços

500g de cebolas picadas
1kg de tomates picados
1 lata pequena de extrato de tomate
2 dentes de alho picados
sal, pimenta-do-reino e azeite de oliva

Faça uma fritura com a carne, o alho, azeite, sal, pimenta, as cebolas e os tomates. Cozinhe em água os nabos, as cenouras e as batatas-doces. Quando estiverem quase cozidos, acrescente as batatas brancas, a abóbora e os chuchus. Deixe cozinhar por 10 minutos. Junte, então, a carne que já foi fritada e o milho. Por fim, acrescente as couves. Cozinhe por mais 20 minutos e tempere a gosto. Sirva quente, acompanhado de arroz branco.

Francesinha
(1 pessoa)

2 fatias de pão de fôrma
4 rodelas de salame
1 fatia de presunto
5 fatias de queijo
1 bife

molho de tomate
pimenta

Em cima de uma fatia de pão coloque o salame, o presunto e o bife já feito. Feche com a outra fatia e cubra com as fatias de queijo. Coloque o molho de tomate e a pimenta. Leve ao forno por alguns minutos. Está pronta a francesinha!

Mais dicas sobre o vinagre

Com este precioso ingrediente, que não pode faltar na cozinha, você pode até fazer catchup. Use duas colheres de vinagre, uma de açúcar e meia xícara de extrato de tomate.

Para você obter um vinagre doce como o original francês, junte ao vinagre comum uma maçã descascada cortada em pedaços e deixe num vidro bem tampado por 24 horas. Em seguida, é só coar.

E se você colocar vinagre demais na salada, acrescente a ela uma colher de sopa de leite cru e uma pitada de açúcar. O sabor vai ficar suave e agradável.

Bifes melhores

Um bifinho feito na hora tem seu valor... Para que não fique duro nem forme água, tempere-o com vinagre ou limão. Se for à milanesa, ficará mais gostoso se misturar à farinha de rosca um pouco de manjericão picado, alho amassado e queijo ralado. Se for simples, para dar a ele aquela cor dourada espetacular, coloque, na hora da fritura, uma colher de sobremesa de massa de tomate. São pequenos toques para transformar um bife num banquete.

Fritada de lingüiça
(4 pessoas)

½kg de lingüiça
6 ovos
1 xícara de cebolas picadas
2 dentes de alho picados bem fininhos
2 tomates bem picados
1 pimentão picado
tempero verde picado
sal e pimenta-do-reino

Retire a pele da lingüiça, desmanchando-a numa panela, no fogo, já bem quente. Junte a cebola, o alho e o pimentão. Frite bem – adicionando o tomate em seguida. Mexa para que a lingüiça fique bem misturada aos demais ingredientes, com a consistência de um picadinho homogêneo. Quando estiver bem cozido, acrescente a pimenta, o tempero verde e os seis ovos bem batidos, deixando cozinhar de tampa fechada, até os ovos ficarem no ponto.

Fritada de presunto
(1 pessoa)

2 fatias de presunto
2 ovos
2 fatias de queijo
azeite de oliva

Leve ao fogo uma frigideira pequena com um pouco de azeite. Forre o fundo dela com as fatias de presunto. Coloque os ovos por cima e cubra com o queijo. Se preferir, coloque mais queijo. Tampe por alguns minutos até que o queijo derreta e está pronto!

Hambúrguer da Rainha
(1 porção)

150g de carne moída de primeira
1 colher de sopa de cebola picada
1 colher de sopa de tomate picado
sal e pimenta a gosto
farinha de rosca para empanar

Misture todos os ingredientes, menos a farinha, e formate com as próprias mãos a carne de modo que fique um hambúrguer. Logo após, passe na farinha de pão e leve ao forno para assar. Este hambúrguer ficará crocante. Para acompanhar: uma fatia de pão de fôrma, folhas de alface, tomate cortado em fatias.

Mocotó
(20 pessoas)

4 patas
1 coalheira
1kg de mondongo
½kg de lingüiça fina
1kg de feijão branco
4 cebolas picadas fininho

4 tomates picados
1 dente de alho
ovos duros
limão
tempero verde

Ferva as patas por aproximadamente 6 horas, até que os ossos soltem. Coe bem o caldo resultante e reserve. Cozinhe o mondongo e a coalheira, até que fiquem macios, adicionando um pouco de suco de limão para deixá-los sem qualquer cheiro. Depois de cozidos, corte-os em pedaços. Abra a coalheira e limpe bem por dentro, retirando todo o excesso de gordura. Refogue a cebola, o alho e o tomate numa panela à parte, e em outra cozinhe o feijão branco. Frite ligeiramente as lingüicinhas. Quando o feijão branco estiver cozido, adicione o refogado, o caldo das patas, o mondongo, a coalheira e as lingüicinhas, mexendo bem, e deixe ferver um pouco. Ao servir o mocotó, espalhe sobre cada prato o ovo cozido esmagado e o tempero verde picado.

* O segredo do mocotó é o tempo de fervura, para que o caldo fique consistente e saboroso.

* O feijão branco entra na receita com uma dupla missão: além de qualificar o sabor, engrossa o caldo. Alguns radicais suprimem o feijão branco e engrossam o caldo fervendo-o por mais de um dia.

Musse de palmitos
(10 pessoas)

2 xícaras de nata fresca
2 xícaras de leite
½ xícara de maionese
1 colher de sopa de mostarda
2 envelopes de gelatina em pó incolor s/ sabor
2 vidros de palmito em conserva
1 pitada de pimenta branca
1 colher de chá de sal

Misture a gelatina com um pouco da água do palmito e leve ao fogo, em banho-maria, mexendo sempre, até que a gelatina esteja completamente dissolvida. Em seguida, leve essa gelatina dissolvida ao liquidificador, e bata juntamente com o leite, o palmito, a mostarda, a nata, a maionese, mais o sal e a pimenta. Derrame essa misture numa fôrma e leve à geladeira por 3 horas, ou até ficar firme. Decore com pedaços de palmito.

Tomates: saborosos e saudáveis

Meu amigo Heitor Kramer me manda um exemplar da revista *Time*, com a lista dos alimentos mais saudáveis do mundo. Em primeiríssimo lugar, muito à frente dos outros, lá está ele, o tomate. Tomates... Quem não gosta de tomates? Além de saboroso, ao natural ou em molhos, o tomate é saudável. Especialmente para os homens: depois dos 50, os médicos recomendam comer todos os dias, faz bem para a próstata. Tomates podem ficar frescos e bonitos até um mês se forem armazenados bem secos, num saco plástico com farinha na geladeira. E podem durar indefinidamente, se forem preservados num vidro com sal, vinagre e água suficiente para cobri-los. Para impedir a entrada de ar no recipiente, acrescente azeite até formar uma camada de um centímetro na superfície da água. Assim, a qualquer hora estarão ali os tomates, com a cor e o sabor intactos.

Musse de pepino

1 vidro de pepinos em conserva
1 xícara de nata fresca
1 xícara de gelatina de limão em pó previamente dissolvida em água fervente
1 colher de cebola picada
gotas de limão
1 colher de vinagre
1 colher de chá de sal

Bata todos ingredientes no liquidificador. A seguir, derrame a mistura em forminhas individuais ou numa fôrma grande (em qualquer hipótese, a fôrma deve estar molhada, para facilitar quando ficar pronto), levando à refrigeração por 4 horas.

Musse de salaminho

1 lata de creme de leite
2 xícaras de chá de salaminho picado
1 envelope de gelatina sem sabor (12g)
1 xícara de água
1 vidro pequeno de maionese

Coloque a gelatina na água por alguns minutos. Leve ao fogo, mexendo até dissolvê-la, sem levantar fervura. Coloque no liquidificador a gelatina e os ingredientes restantes. Bata bem por, aproximadamente, três minutos. Despeje a mistura numa fôrma untada com azeite. Leve à geladeira por mais ou menos duas horas. Desenforme e sirva. No lugar do salaminho, pode-se usar atum.

O camarão com casca

Se for congelar o camarão, congele-o sempre com casca, para que não fique ressequido, perdendo o gosto. Na hora de descongelar, não jogue fora as cascas, que são preciosas. Ferva-as em água, coando depois o caldo resultante. Com esse caldo você tem a base para um excelente arroz com camarão ou para um pirão. Assim, você acrescenta o camarão bem no final. O camarão deve cozinhar um mínimo para não ficar borrachudo.

Panqueca de espinafre com ricota
(8 pessoas)

Para a panqueca:
1½ xícara de farinha de trigo
1 copo de leite
4 ovos
2 colheres de sopa de manteiga

Para o recheio e a montagem:
1 molho de espinafre
1 cebola picada
pimenta e noz-moscada a gosto
200g de ricota

Bata todos os ingredientes da panqueca no liquidificador e deixe a mistura descansar por 15 minutos. Numa frigideira antiaderente, asse, com um pouco de manteiga, 1 colher de sopa desta mistura de cada vez, fazendo pequenas rodelas de panquecas e reservando-as. Refogue o espinafre com a cebola, a pimenta e a noz-moscada. Depois de pronto, misture-o com a ricota. Recheie cada uma das rodelas de panquecas já prontas com uma colher de recheio, fechando-as da forma tradicional, enroladas, ou formando trouxinhas amarradas com uma cebolinha verde amolecida na chama do fogão. Fica interessante servi-las em um prato com o fundo coberto com molho de tomates. Dá o contraste da cor e do sabor.

Pasta de bacon

200g de bacon fatiado
4 colheres de sopa de maionese
2 colheres de sopa de cebola picada
2 colheres de chá de mostarda

Pique o bacon, frite e desengordure-o. Acrescente a maionese, a cebola e a mostarda e misture bem. Acompanhe com torradinhas ou pão.

Pasta de chester

100g de chester
50g de ricota fresca
100g de requeijão
1 colher de chá de molho inglês
1 colher de sobremesa de salsa picada

Pique o chester e acrescente a ricota, o requeijão, o molho inglês e a salsa e misture bem. Acompanhe com torradinhas ou pão.

Batata: anjo ou demônio?

A batata, que salvou a Europa da fome no século XIX, chegou a ser homenageada numa tela famosa, "Os comedores de batata", obra-prima de Van Gogh. A batata era a glória. Mas hoje, pobre batata, está na lista negra de quem quer emagrecer, e a batata frita, em particular, está equiparada ao tabaco na categoria de veneno perigoso. Entre as dezenas de formas de preparar batatas, nenhuma conseguiu através do tempo superar a batata frita, que, convenhamos, é uma categoria do Mal, inclusive no seu encanto. Ela é o casamento feliz dos dois demônios mais temidos da nutrição moderna: a fritura e o sal. Não há outro prato (exceto o glorioso ovo frito) mais maldito, mais repudiado, mais condenado, mais contra-indicado e, também, é claro, mais amado do que a batata frita.

Pasta de presunto

200g de presunto magro
150ml de creme de leite fresco (nata)
1 colher de chá de molho inglês
5 colheres de sopa de requeijão
2 colheres de sobremesa de salsa picada
1 colher de sobremesa de cebola ralada

Pique o presunto, junte o creme de leite ou nata, o molho inglês, o requeijão, a salsa e a cebola e misture bem. Acompanhe com torradinhas ou pão.

Pastelão de aipim
(6 pessoas)

Para o recheio:
½kg de guisado
4 colheres de sopa de cebola picada
2 tomates sem pele
2 ovos cozidos
200g de azeitonas picadas
sal e pimenta-do-reino
tempero verde

Para a montagem e finalização:
1kg de aipim
4 ovos
2 colheres de sopa de manteiga
1 xícara de leite

Numa panela com óleo bem quente, frite o guisado com a cebola e as azeitonas. Acrescente os tomates picados, o sal e a pimenta, mexa bem e deixe cozinhar. Quando estiver pronto, acrescente por cima os ovos cozidos (picados ou esmagados com um garfo) e o tempero verde. À parte, cozinhe o aipim até ficar desmanchado e passe no esmagador de batatas. Misture os ovos e a manteiga até ficar uma massa homogênea. Adicione o leite aos poucos, até ficar em ponto de purê. Unte uma fôrma com manteiga, colocando uma camada dessa massa. Sobre ela, espalhe o recheio, cobrindo-o a seguir com uma segunda camada de massa, que será pincelada com gema de ovo por cima. Leve ao forno para cozinhar por aproximadamente 20 minutos, até dourar. Sirva bem quente. O pastelão de aipim pode ser prato único de uma refeição informal, acompanhado de uma boa salada.

Peixinhos da horta

vagem
farinha de rosca
farinha de trigo
ovo
alho
sal
molho de soja
vinho branco
pimenta-do-reino
azeite de oliva

Tempere as vagens com sal, molho de soja, pimenta e vinho branco. Passe no ovo batido, na farinha de rosca e na farinha de trigo. Coloque bastante óleo, de preferência de oliva, numa frigideira. Frite os peixinhos e estarão prontos para servir!

Pizza caseira
(média – 6 fatias)

Para a massa:
3 copos de farinha de trigo

2 colheres de sopa de óleo
3 ovos
1 pitada de sal
1 pacote de fermento biológico seco (10g)
leite morno (o que precisar, + ou - ½ copo)

Para o molho:
2 latas de sardinhas c/óleo esmagadas
3 tomates bem maduros picados
1 cebola picada
2 colheres de sopa de extrato de tomate
orégano a gosto

Para fazer a massa, misture a farinha, o óleo, os ovos e o sal com o leite morno, observando a massa, que não pode ficar nem muito mole, nem muito dura. Por último, misture o fermento. Unte a fôrma e nela coloque a massa, deixando-a descansar por 30 minutos. Enquanto isso, refogue as sardinhas esmagadas, acrescente os tomates, o extrato de tomate e a cebola. Misture bem e deixe cozinhar levemente, só até ficar homogêneo o molho. Agora a massa cresceu na fôrma, por causa do fermento. Leve a fôrma só com a massa ao forno e, quando a parte de cima estiver durinha, ou seja, précozida, retire a fôrma do forno, e cubra a massa com o molho. Leve novamente ao forno para terminar de assar.

O luxo e o lixo na cozinha

Não adianta ter uma cozinha de luxo, se ela for um lixo. Higiene e saúde são os dois principais ingredientes do gourmet. Primeira providência de quem vai trabalhar na cozinha: sempre, eu disse SEMPRE, antes de começar, lavar as mãos com detergente. Além disso, quem cozinha deve ter pequenos cuidados fundamentais com saúde, na preparação dos alimentos. Até o simples feijão tem um cuidado especial. O feijão tem muitas toxinas. Quando começar a cozinhá-lo é fundamental ferver o feijão por 10 minutos, para destruir essas toxinas que fazem mal ao organismo. Depois de 10 minutos de fervura, tudo bem, deixe o feijãozinho amigo cozinhar em fogo baixo.

Pizza de batata
(média – 6 fatias)

6 batatas grandes descascadas e fatiadas
1 tablete de caldo de carne
250g de presunto fatiado
250g de mozarela fatiada
azeite e orégano a gosto

Cozinhe as batatas fatiadas em rodelas com o caldo de carne. Em um refratário para pizza, acomode-as até cobrir todo o fundo, tempere com azeite e orégano. Sobre as batatas coloque o presunto, depois a mozarela. Regue com azeite e orégano a gosto e leve ao forno até que o queijo derreta.

Polenta mole com molho
(6 pessoas)

4 xícaras de farinha de milho ou polenta pré-pronta
500g de lingüiça
1 cebola picada
1 lata de tomate pelado ao molho

½ xícara de queijo parmesão ralado
suco de 1 limão
1 cálice de vinho tinto
óleo
cebolinha verde picada

Para fazer o molho, tire a pele das lingüiças e frite-as em óleo com 1 colher de farinha de trigo, misturando bem. Acrescente a cebola, o tomate com molho, o vinho tinto e o suco de limão. Mexa bem e deixe ferver um pouco. Depois de uns minutos, baixe o fogo e deixe cozinhar. Coloque numa panela água fria, um pouco de azeite de oliva e a farinha de milho na proporção de uma medida de farinha para duas de água. Leve a panela ao fogo e deixe cozinhar até que a polenta fique cremosa. Depois, coloque-a em uma fôrma ou num refratário de vidro, cobrindo em seguida com o molho e com o queijo ralado.

Sobras nobres com polenta

Esta é uma variante da Polenta acima, em que se aproveita sobras de churrasco.

Corte em cubos não muito pequenos as sobras do churrasco. Use o que tiver: carne bovina, ovina e de porco, salsichão e/ou lingüiça, corações de galinha, etc. Refogue tudo junto numa panela de ferro bem quente, com alho e cebola, tomates picados e massa de tomate e mexa bem. Essas sobras de churrasco serão o recheio. Reserve. À parte, prepare a polenta, bem cremosa. Num refratário, espalhe uma camada de polenta. Sobre ela, espalhe o recheio de sobras de churrasco. A seguir, mais uma camada de polenta. Finalmente, cubra com uma quantidade generosa de queijo parmesão ralado, e leve ao forno para gratinar.

Quiche de aspargos

Para a massa:
2 xícaras (300g) de farinha de trigo
½ xícara (100g) de manteiga
4 a 5 colheres de sopa de água gelada

Para o recheio:
1 lata de aspargos (325g) escorridos
1 lata de creme de leite sem soro

2 ovos ligeiramente batidos
sal e pimenta-do-reino a gosto
½ xícara de queijo tipo parmesão ralado

Misture a farinha e a manteiga numa vasilha. Vá batendo com 2 facas até obter uma farofa. Acrescente a água gelada aos poucos e misture até obter uma massa lisa. Abra a massa numa superfície lisa, polvilhada com farinha de trigo. Com esta massa, forre o fundo e os lados de uma fôrma refratária de 25cm de diâmetro. Coloque papel-manteiga sobre a massa e cubra-a com grãos de arroz ou feijão crus para evitar que ela se deforme enquanto assa. Leve ao forno preaquecido, moderado, por 15 minutos. Retire o arroz ou feijão e o papel, depois de tirar a fôrma do forno. Faça o recheio: pique os aspargos, deixando 6 inteiros para decorar. Misture os aspargos picados com os ingredientes restantes, menos o queijo ralado. Coloque esta mistura sobre a massa pré-assada. Salpique com queijo. Leve ao forno novamente e asse por uns 35 minutos ou até que fique firme. Enfeite com os aspargos reservados. Esta torta pode ser servida quente ou fria, como entrada ou para um lanche, ou também como acompanhamento para uma carne assada.

O sal do bacalhau

Qual é a melhor maneira de tirar o excesso de sal do bacalhau? Tem aquele método tradicional, deixar de molho durante 48 horas e ir trocando a água. O problema é se você resolve agora consumir o bacalhau hoje à noite. O que fazer? Há várias maneiras. Uma delas: ferva o bacalhau com uma colher de sopa de farinha de trigo: a farinha absorverá todo o sal. Outra: deixe o bacalhau por algumas horas de molho com farinha de mandioca, sem ferver. Também aí a farinha absorve o sal. Outra: deixe o bacalhau de molho algumas horas com duas colheres de sopa de açúcar, que não tem erro. Em qualquer hipótese, na hora de preparar, uma dica para o bacalhau ficar maior e mais gostoso: depois de tirar o sal, coloque-o durante uma hora de molho no leite.

Ramequim
(Fatias douradas)
(6 pessoas)

1 pacote de pão de fôrma fatiado
150g de queijo prato ou lanche picado
150g de presunto picado
1 copo de leite
1 caixinha de creme de leite (200g)
sal
4 ovos

Forre uma fôrma com o pão. Bata os ovos com o leite, o creme de leite, o sal, o queijo e o presunto. Coloque a mistura por cima das fatias de pão. Cubra a fôrma com papel-alumínio e leve ao forno por 20 minutos. Tire o papel e deixe mais alguns minutos para dourar. Está pronto!

Salada capresa

tomate gaúcho
mozarela de búfala em fatias

Para o molho:
3 colheres de azeite

1 xícara de vinagre (comum ou balsâmico)
2 colheres de sopa de orégano

    Corte ao meio os tomates, que devem ser grandes, colocando-os emborcados no prato da entrada. Faça um corte na parte de cima das metades emborcadas, introduzindo ali, em cada um, como uma cunha, uma fatia da mozarela. Regue com o molho. O jornalista e cozinheiro Silvio Lancellotti, que apresentou esta receita no programa do Anonymus Gourmet, ensina que esta entrada pode ser servida quente ou fria. Se quente, vai ao forno apenas o tempo suficiente para derreter o queijo. As porções são individuais.

Salada colorida de frango
(4 pessoas)

1 pimentão vermelho
1 pimentão verde
1 pimentão amarelo
1 cebola picada
4 rabanetes médios
4 cilindros médios de palmito

200g de queijo tipo prato ou lanche
2 tomates grandes em tiras
1 molho de alface americana
1 punhado de azeitonas verdes
1 punhado de azeitonas pretas
500g de frango cozido e desfiado
300g de presunto ou mortadela
azeite de oliva
limão
vinagre
creme de leite (opcional)

Corte os pimentões e os tomates em tiras, os rabanetes em rodelas, o palmito e o queijo em pedaços. A alface deve ser picada com as mãos. Vá misturando tudo. Acrescente o frango e as tiras de presunto ou mortadela. No final, tempere com um molho feito de limão, azeite de oliva e vinagre. Se quiser, e se não estiver de regime, acrescente a esse molho 3 colheres de creme de leite.

Salada cor-de-rosa
(4 pessoas)

2 cenouras cruas raladas
1 beterraba crua ralada

3 bananas picadas
2 maçãs picadas
1 xícara de maionese
sal e pimenta a gosto

Misture todos os ingredientes e sirva.

Salada de frango ao curry
(4 pessoas)

½kg de peitos de frango sem osso
2 xícaras de caldo de galinha
1 xícara de uvas itália
1 pote de iogurte natural
1 colher de sopa de suco de limão
1 colher de chá de curry
1 colher de sopa de salsa picada
½ colher de chá de sal

Em uma panela, coloque os peitos de frango com o caldo de galinha. Deixe cozinhar, até ficarem macios. Retire do fogo e deixe esfriar. Corte-os em cubos, coloque-os em uma tigela e reserve. Lave as uvas, corte-as ao meio, retire as sementes e junte ao frango. À parte, misture o iogurte, o suco de limão, o curry, a salsa e o sal e incorpore ao frango e às uvas.

Sobre o leite

Para facilitar a sua vida, antes de ferver o leite, lave a leiteira com água fria e não enxugue. Deixe-a molhada e coloque o leite para ferver. Você vai ver que o leite não ficará grudado no alumínio, facilitando a lavagem da vasilha.

Na hora de guardar. Para que o leite não absorva os outros odores da geladeira, guarde-o sempre numa vasilha tampada.

E um truque na hora de ferver: se você colocar um pires virado com a boca para baixo dentro da leiteira, antes de levar ao fogo, o leite não transbordará quando ferver. Você também evitará que o leite derrame, se colocar uma colher dentro da leiteira.

E, de repente, o leite talhou. Não se preocupe. Leite talhado é ótimo para ser usado em bolos.

Salada de lentilha

1 xícara de lentilha
2 xícaras de caldo de carne
250g de bacon fatiado
½ xícara de azeitonas verdes picadas
½ xícara de passas de uvas pretas
1 maçã verde picada
sal, óleo e vinagre a gosto

Deixe a lentilha de molho em água por 30 minutos. Troque a água e leve-a ao fogo, juntamente com o caldo de carne, até cozinhar bem. Escorra e deixe esfriar. Frite o bacon com óleo. Em uma tigela, misture a lentilha fria, o bacon, as azeitonas, as passas e as maçãs, tempere a gosto e sirva a salada fria.

Salada de macarrão light
(6 pessoas)

100g de macarrão (parafuso)
100g de vagens fervidas e depois cortadas em pedaços pequenos
100g de tomates cortados em filetes

120g de atum em água e sal
2 colheres de sopa de maionese light
6 colheres de sopa de iogurte natural desnatado
azeite de oliva, sal e pimenta-do-reino a gosto

Ferva o macarrão. Escorra o atum. Misture bem a maionese com o iogurte. Tempere com sal e pimenta a gosto. Misture todos os ingredientes. Sirva a salada gelada.

Salada de manga

manga
maçã
abacaxi
figo
nozes
passas
kiwi
ameixas
lima
creme de leite
suco de laranja ou de limão

Corte as frutas em cubos mais ou menos do mesmo tamanho. Num recipiente grande, misture todos os ingredientes, delicadamente, para que não amassem. Regue com suco de laranja ou de limão. Esta salada serve como sobremesa, ou mesmo como salada propriamente dita, fazendo o contraponto de um prato bem temperado de carne ou ave.

Salada princesa

folhas de alface americana
folhas de rúcula
tomates-cereja
tiras de um bom queijo

Rasgue as folhas com as mãos e misture-as. Acomode-as em um prato e decore com os tomates-cereja cortados em quatro partes e com as tiras de queijo. Faça um molho misturando azeite de oliva, sal, pimenta e vinagre balsâmico para acompanhar a salada.

Salada quente

cenoura
milho
alface
ervilhas naturais
queijo parmesão ou cubos de queijo gruyère (opcional)

Misturar tudo com o alface cortado em tiras. Podem ser acrescentados outros ingredientes verdes, como rúcula, radice, agrião etc., polvilhando opcionalmente com queijo parmesão ralado, ou misturando cubos de queijo gruyère. Vai ao forno só para aquecer. É uma entrada fácil e de grande efeito.

Sanduíche de peito de peru com rúcula

iogurte
rúcula
fatias de peito de peru defumado
tomates-cereja
orégano
azeite de oliva

vinagre balsâmico
pimenta-do-reino
pão de sanduíche

Este é um sanduíche de baixa caloria. Faça uma pasta com iogurte, algumas gotas de azeite de oliva, pimenta-do-reino e orégano. Passe esta pasta sobre as fatias de pão de sanduíche. Sobre ela, coloque uma fatia de peito de peru defumado, algumas folhas de rúcula, finas fatias de tomatinho-cereja e um fio de vinagre balsâmico. Feche o sanduíche com outra fatia de pão e enfeite-o com folhinhas de manjericão.

Tomates secos

1kg de tomates
4 colheres de sopa de açúcar
2 colheres de sopa de sal
8 dentes de alho
1 xícara de azeite de oliva
1 colher de sopa de orégano

Misture bem o sal e o açúcar. Lave e retire os talos dos tomates. Corte-os ao meio.

Salpique dentro dos tomates a mistura de sal e açúcar. Coloque os tomates no forno com a boca para cima, em temperatura baixa. Deixe por uma hora e meia aproximadamente. Retire do forno e vire os tomates, deixando-os com a boca para baixo. Leve novamente ao forno por mais uma hora e meia. Deixe esfriar. Faça uma mistura com azeite, alho cortado em fatias e orégano. Coloque esta mistura em um vidro com tampa e, após os tomates estarem frios, coloque-os dentro da mistura e deixe algumas horas. Depois, basta servir.

Tomates recheados
(6 pessoas)

6 tomates
1 lata de atum ralado em água e sal
200g de queijo parmesão ralado
200g de maionese
1 cebola picada
4 colheres de sopa de farinha de rosca

Deixe os tomates ocos. Misture bem todos os demais ingredientes, inclusive a parte interna retirada dos tomates, formando uma massa uniforme. Com essa massa, recheie os tomates e leve-os ao forno numa assadeira, apenas o tempo suficiente para deixá-los bem quentes (de 15 a 20 minutos, aproximadamente).

Torta de espinafre
(6 pessoas)

3 molhos de espinafre
100g de queijo ralado
4 ovos
4 batatas
sal

Coloque as batatas para cozinhar. Descasque e reserve-as. Cozinhe o espinafre e, depois de pronto, retire a água e pique as folhas. Reserve. Bata os ovos e acrescente o queijo ralado, o espinafre e as batatas, misturando os ingredientes. Acerte o sal. Misture bem até obter uma massa homogênea. Coloque num refratário untado, polvilhe com queijo ralado e leve ao forno durante uns 20 minutos. Está pronto! É um prato único interessante para quem não gosta de carnes.

Arroz com brócolis
(8 pessoas)

10 xícaras de arroz pronto
10 xícaras de flor e caule de brócolis
2 colheres de azeite de oliva
2 dentes de alho

Passe água fervente no brócolis ou deixe no vapor da panela. Em seguida, passe uns minutos na água gelada para estancar a fervura. A cor do brócolis vai se acentuar. Numa panela, aqueça o azeite e frite o alho. Coloque os brócolis e acrescente um pouco de sal. Frite-os um pouco e eles estarão prontos para serem misturados ao arroz.

Arroz com camarão na cerveja preta
(8 pessoas)

2 xícaras de arroz
1 cebola picada

1 dente de alho picado
½ xícara de azeite de oliva
½kg de camarões médios sem casca
1 garrafa long neck de cerveja preta
sal e pimenta-do-reino a gosto
1 colher de sopa de salsa e cebolinha verde picadas
água

Limpe os camarões e tempere com sal e pimenta. Refogue-os no azeite de oliva por alguns minutos. Reserve. Em outro recipiente, refogue a cebola e o alho com o azeite, acrescente o arroz e frite. Tempere com sal. Coloque a cerveja, baixe o fogo e deixe cozinhar. Se necessário, coloque um pouco d'água. Quando o arroz estiver quase cozido, misture o camarão. Ao servir, acrescente o tempero verde.

Arroz com cogumelos frescos
(Rizzo ai funghi freschi)
(6 pessoas)

2 caixinhas de cogumelos frescos (200g)
2 xícaras de arroz arbóreo p/ culinária italiana

1 cebola picada
3 dentes de alho triturados
pimenta branca moída ou tempero misto ou ervas finas. (Ao gosto de cada um, pois esta receita é uma adaptação de uma receita italiana. Na Itália alguns temperos diferem dos nossos.)
azeite de oliva
1 cálice de vinho branco seco
sal
queijo parmesão ralado
3 a 4 litros de caldo de carne
750g ou 1kg de carne em um pedaço (pode ser músculo ou qualquer parte com osso, sem muita gordura)

 Para preparar o caldo de carne, coloque a carne na panela de pressão com 4 litros de água. Pode-se colocar cebola, mas não se coloca sal para que a proteína fique no caldo. Este caldo pode ser preparado previamente. Depois prepare o arroz (*rizzo*). Refogue a cebola e o alho em óleo de oliva. Acrescente os cogumelos. Coloque os temperos (pimenta, tempero misto ou ervas finas, conforme o gosto). A seguir, acrescente o arroz e o vinho. Mexa um pouco para evaporar o álcool. Coloque o sal. O caldo de carne preparado antes vai sendo acrescentado aos poucos. Cozinhe em fogo moderado. Quando estiver no ponto (o arroz fica bem caldeado, mole, mas não papa), acrescente um pouco do queijo ralado, misturando levemente. Leve à mesa numa travessa ou na própria panela, cobrindo com queijo ralado. Sirva com uma salada verde ou salada mista de legumes e verduras. A carne com a qual foi feito o caldo pode ser servida fatiada, com um pouco de sal polvilhado por cima. É a "carne lessa" dos italianos.

Arroz de Braga
(8 pessoas)

3 xícaras de arroz
4 xícaras de água
2 xícaras de vinho branco
2 xícaras de caldo de carne
500g de lingüiça sem pele
2 peitos de frango cortados em cubos
1 cebola picada
8 folhas de repolho picadas grosseiramente
azeite de oliva

sal
1 pimenta vermelha picada

Leve ao fogo uma panela de bom tamanho, com três colheres de azeite de oliva, e refogue a lingüiça, desmanchando-a bem. Agregue o frango e a cebola, mexendo bastante. Em seguida, acrescente o arroz cru e a pimenta picada, misturando bem. Leve à panela a água, o vinho branco e o caldo de carne. Quando abrir a fervura, baixe o fogo e deixe cozinhar até ficar cozido, no ponto molhadinho. Misture as folhas de repolho, deixe cozinhar mais um pouco de tampa fechada, e está pronto. Desligue o fogo, deixe descansar por mais 10 minutos e sirva.

Arroz de china pobre com moranga
(4 porções)

2 xícaras de arroz
500g de lingüiça cortada em pedaços pequenos
1 xícara de cebola picada
2 dentes de alho picados

½ moranga cortada em cubos
4 xícaras de água

Aqueça uma panela de ferro com banha de porco ou óleo e frite a cebola, o alho e a lingüiça. Quando dourar, acrescente o arroz e a moranga. Frite mais um pouco, cubra com água, adicione um pouco de sal e cozinhe com a tampa fechada até reduzir a água e o arroz ficar no ponto. A moranga vai ficar bem macia, quase se desmanchando.

Diet e saboroso

Às vezes, ouço reclamações do pessoal que está de dieta, porque a maioria das nossas dicas e receitas saborosas... engordam. Infelizmente, o que é bom, ou engorda ou é pecado. Aí vai uma exceção, para o pessoal de dieta. Prepare a gelatina diet normalmente e leve à geladeira. Quando ela estiver quase no ponto, retire e misture no liquidificador um copo de iogurte diet. Volte à geladeira e deixe solidificar a gelatina. Fica ótimo, o iogurte disfarça o adoçante da gelatina diet. Essa não engorda, nem é pecado.

Arroz de pato
(10 a 12 pessoas)

5 xícaras de arroz
12 xícaras de água
1 cálice de vinho branco
1 pato inteiro
1 pedaço de 1kg de carne de rês magra de segunda (granito, agulha, peito etc.)
1kg de moelas de frango
1 xícara de queijo parmesão ralado
1 xícara de nata
2 cebolas picadas
2 dentes de alho picados
sal a gosto

Comece por preparar o caldo. Coloque na panela o pato cortado em pedaços, a carne bovina num pedaço inteiro, os miúdos e deixe ferver em 3,5 litros de água. Tenha o cuidado de repor a água que evaporar durante a fervura. Acrescente sal e ferva até que o pato e a carne estejam macios, o que pode levar quase 1 hora. Durante o cozimento, retire o excesso de gordura e reserve-o. Quando o caldo estiver consistente, reserve-o também, retirando os pedaços de pato e separando os miúdos e a carne bovina, que poderão ser utilizados mais tarde como entrada. A carne do pato, depois do cozimento, vai-se desprender dos ossos. Refogue-a numa caçarola, com a gordura do pato que você tinha separado antes, acrescentando a cebola e o alho. Deixe na panela os pedaços de pato refogados. Acrescente o arroz cru, misturando bem com uma colher de pau. Agregue 10 xícaras do caldo que ficou reservado e deixe o arroz cozinhar em fogo baixo, sem mexer, mas inspecionando periodicamente com a colher de pau o fundo da panela para não grudar. Se ficar muito seco, acrescente o caldo até que o arroz fique pronto, num ponto bem molhado. Quando o arroz estiver quase cozido, junte um cálice de vinho branco. Mexa mais um pouco. Junte um xícara de bom queijo ralado e a nata. Deve ficar meio pastoso. Uma vez pronto, coloque tudo em uma ou mais travessas altas, que vão à mesa, cobrindo o risoto com queijo ralado.

A carne bovina e os miúdos que foram retirados e reservados podem ser fatiados, bem temperados com azeite balsâmico e azeite de oliva e servidos como entrada, com folhas de alface, radice (*radicchio*), rúcula e agrião.

Arroz na cerveja
(4 pessoas)

2 xícaras de arroz
1 cebola pequena bem picada
1 dente de alho bem picado
4 xícaras de cerveja clara
100g de cogumelos em conserva cortados em finas lâminas
100g de passas de uva
2 colheres de sopa de manteiga
sal a gosto

Numa panela bem quente, derreta a manteiga e dê uma boa refogada no arroz com o alho e a cebola. A seguir, adicione a cerveja e sal a gosto. Mexa para misturar bem e deixe cozinhar em fogo brando, com a tampa entreaberta. Os cogumelos e as passas de uva devem ser acrescentados no final do cozimento, apenas o tempo suficiente para aquecerem e cozinharem levemente.

Risoto da copa
(4 pessoas)

3 dentes de alho picados
100g de queijo parmesão ralado
1 caixinha de creme de leite (200g)
200g de frango cortado em cubos
1 cebola picada
100g de cogumelos picados
1 punhado de azeitonas sem caroço
4 xícaras de arroz pronto
4 colheres de azeite de oliva

Aqueça o azeite de oliva numa panela e frite o frango. Depois acrescente o alho e a cebola. Em seguida, coloque as azeitonas e o arroz já pronto. Depois, o creme de leite, o queijo ralado e os cogumelos. Misture bem e está pronto!

Risoto de frango e champignon
(6 pessoas)

2 xícaras de arroz
1 xícara de caldo de carne

1 xícara de vinho branco
3 xícaras de água
1 cebola bem picada
2 dentes de alho esmagados
1 xícara de nata fresca
500g de carne de frango picada
1 xícara de nata fresca
2 colheres de sopa de queijo parmesão ralado
2 colheres de sopa de manteiga
sal e pimenta branca

Numa panela aquecida, refogue a cebola e o alho na manteiga, acrescentando a carne de frango, o arroz, sal a gosto, pimenta branca, refogando bem. A seguir, agregue o caldo de carne e o vinho branco e complete com água. Cozinhe em fogo bem baixo, até ficar no ponto. Não deve ficar nem muito cozido nem muito seco. No final, acrescente a nata e queijo ralado, mexendo bem até derreter e incorporar ao arroz.

Peixe na panela e no forno

O peixe assado não grudará na fôrma, nem perderá o sabor, se você forrar a assadeira com fatias de batata crua. Outra idéia, para que o peixe não grude no fundo da assadeira, é forrá-la com uma camada de cebolas picadas, aipo e cheiro-verde.

Para que o peixe asse por igual, coloque-o de barriga para baixo, aberto, na assadeira coberta com papel-alumínio. O peixe ficará douradinho dos dois lados. E atenção! Corte a cabeça do peixe só depois que ele estiver assado, senão a parte cortada ficará seca e dura.

Ao fritar peixe, coloque um ramo de salsa no óleo da frigideira. Ele ficará mais gostoso e cheiroso.

Depois da comilança, aproveite o bagaço de limão, que você usou para temperar peixe, para esfregar na pia em que o peixe foi limpo e lavado. Assim, você eliminará o cheiro desagradável.

Almôndegas de peixe
(8 pessoas)

400g de peixe cozido
400g de batatas
3 ovos
2 colheres de sopa de manteiga
1 colher de sopa de farinha
1 colher de sopa de leite
sal e pimenta-do-reino
noz-moscada
óleo para fritar

Nesta receita podem ser utilizados os peixes mais baratos, sem problemas. Retire a pele e as espinhas do peixe e pique-o. Cozinhe as batatas e faça um purê. Junte os ovos inteiros, a manteiga derretida e a farinha. Adicione o leite, tempere com sal, pimenta e noz-moscada e misture, fazendo uma massa consistente. Com a massa obtida forme bolas do tamanho de uma noz. Passe-as pela farinha restante e frite-as em óleo bem quente. Sirva as almôndegas de peixe regadas com molho de tomate bem quente, ou com o molho, numa molheira.

Bacalhau à Gomes de Sá
(4 pessoas)

500g de bacalhau
500g de batatas
2 cebolas em rodelas
1 dente de alho em rodelas
2 ovos cozidos
azeite de oliva
azeitonas pretas
salsa, sal e pimenta
leite

Depois de demolhado o bacalhau, retire as peles e as espinhas. Desfaça-o em lascas que devem ser dispostas num recipiente adequado, onde é importante que fiquem submersas em leite bem quente por aproximadamente 2 horas. Enquanto isso, leve ao fogo as cebolas e o alho, numa frigideira, para dourar ligeiramente com um pouco de azeite de oliva. Junte as batatas, que foram cozidas com a casca e depois peladas e cortadas também em rodelas. Ainda na frigideira, junte o bacalhau escorrido. Mexa tudo ligeiramente, mas sem deixar refogar. Tempere com sal e pimenta. A seguir, transfira bacalhau, batatas, cebolas e alho, da frigideira para uma assadeira, e leve ao forno bem quente durante uns 15 minutos. Sirva na assadeira em que foi ao forno, polvilhado com salsa picada e enfeitado com rodelas de ovo cozido e azeitonas pretas.

* Esta é considerada a verdadeira receita de bacalhau à Gomes de Sá, tal como a criou o seu inventor, justamente o Sr. Gomes de Sá, que foi comerciante de bacalhau na cidade do Porto.

* Sugestão do Sr. Gomes de Sá: fazer de véspera a operação de infusão do bacalhau em leite quente, para que, no dia, se torne mais rápida a preparação do prato.

Camarões apimentados
(6 pessoas)

1kg de camarões médios com casca
1 cebola bem picada
1 dente de alho bem picado
1 copo de vinho branco
1 lata de creme de leite
molho vermelho de pimenta
sal e pimenta-do-reino
azeite de oliva

Descasque os camarões e leve as cascas, e somente as cascas, a ferver com 1 xícara de água durante meia hora. Reduza esse caldo e reserve. Tempere os camarões com sal, pimenta-do-reino e molho vermelho de pimenta. Em uma frigideira bem quente, frite rapidamente, em azeite de oliva, os camarões descascados, com cebola e alho picados. Acrescente o vinho, o caldo coado das cascas de camarão e o creme de leite, mexendo bem, até abrir a fervura. Sirva com arroz branco.

Camarões na moranga
(4 pessoas)

1 moranga grande
sal e pimenta a gosto
½kg de camarões médios limpos
1 xícara de leite
1 copo de requeijão cremoso (250g)

Corte a tampa da moranga, retire as sementes, lave-a e encha com salmoura. Deixe-a descansar por uma hora. Prepare o recheio juntando o leite, o requeijão, o camarão temperado com sal e pimenta. Escorra a salmoura da moranga, encha-a com o recheio e leve ao forno brando por cerca de uma hora.

Charutinhos de peixe-rei
(6 pessoas)

600g de filés de peixe-rei
½ pão de fôrma dormido
3 gemas
2 cebolinhas já fritas em azeite
100g de queijo parmesão ralado

½kg de nata
leite
limão
sal
alface para ornamentar o prato

Use um batedor de bifes para bater os filés de peixe-rei até abrirem bem, transformando-os em panquecas. A seguir, tempere com sal, pimenta e limão. À parte, coloque o pão de fôrma fatiado, sem casca, numa travessa e molhe bem com leite. Amasse bem, até que se torne uma massa, que deve ser coada para tirar o excesso de leite. É a base do recheio. Misture a ele a cebola, as 3 gemas, o queijo parmesão e a pimenta. Espalhe este recheio por cima dos filés que, por sua vez, devem ser enrolados e colocados num prato refratário no sentido vertical. Leve ao forno por 45 minutos mais ou menos. Tire o prato do forno e coloque a nata, às colheradas, por cima. Volta ao forno por 4 minutos. Este peixe é servido como entrada.

Pimenta afrodisíaca... e saudável!

Além de afrodisíaca, pelo ardor que provoca, a pimenta vermelha é rica em vitaminas A, B e C, e também é uma excelente fonte de potássio, ácido fólico e vitamina E. A pimenta calabresa seca, que é pobre em vitamina C, tem em compensação 100 vezes mais vitamina A do que as outras. Um estudo da Embrapa revela a riqueza da pimenta em antioxidantes, o que é útil na prevenção do câncer, Parkinson, Alzheimer e doenças cardiovasculares. Tudo isso vale para a pimenta vermelha, e não vale para a pimenta-do-reino.

Coquille Saint Jacques
(4 pessoas)

½kg de camarões médios
2 colheres de sopa de manteiga
1 cálice de conhaque
200g de creme de leite
1 ovo
queijo parmesão ralado

Em uma frigideira, frite levemente os camarões na manteiga e flambe no conhaque. Prepare meia receita do molho branco (ver receita à p. 151), misture creme de leite, gema e manteiga. Misture bem e coloque em uma *coquille* (concha), se tiver, ou numa pequena cumbuca que possa ir ao forno. Decore com purê, cubra com o queijo parmesão e leve ao forno para gratinar por 1 a 2 minutos. Sirva com arroz com passas.

Filé de peixe ao molho de espinafre
(4 pessoas)

4 filés de linguado, abrótea ou côngrio
2 colheres de sopa de farinha de trigo
suco de 1 limão
sal e pimenta

Para o molho de espinafre:
1 litro de leite
4 colheres de sopa de farinha de trigo
2 colheres de sopa de manteiga
1 cubo de caldo de carne
1 ramo de espinafre

O molho de espinafre, feito à base do molho béchamel, também é chamado de molho fiorentino. Bata no liquidificador o leite, as 4 colheres de farinha de trigo, a manteiga e o espinafre com as folhas e o talo. Depois de bem liquidificada, leve essa mistura ao fogo, numa panela, mexendo sempre, até engrossá-la. Quando estiver bem quente, dissolva dentro o caldo de carne e está pronto o molho. Tempere os filés de peixe com sal, pimenta e limão. Depois passe-os na farinha de trigo e frite-os em óleo bem quente, numa frigideira. Sirva-os bem quentes, cobertos pelo molho de espinafre

Peixe à inglesa
(4 a 6 pessoas)

1kg de filé de peixe
½ litro de leite
suco de 1 limão
1 colher de sopa de salsa e cebolinha picadas
1 cebola picada
sal, noz-moscada e pimenta-do-reino a gosto
3 batatas

Coloque as postas do peixe numa panela, junte os temperos, menos a salsa e a cebolinha, cubra com o leite e deixe cozinhar por 10 minutos contados a partir do momento da fervura. Sirva regado com suco de limão, o tempero verde picado e as batatas cozidas em água e sal cortadas em rodelas.

A melhor batata frita

Ah, as batatas fritas... Colesterol à parte, há pessoas viciadas neste prato. Para que as batatas fritas não murchem depois de prontas, não acrescente sal logo após a fritura e nem cubra-as com guardanapo. Espere que amornem. Para conservá-las quentes até o momento de irem à mesa, arrume-as numa assadeira forrada com papel de pão e deixe-as no forno bem fraco, com a porta do forno entreaberta. Adoro batata palha, mas antes de fritá-la, deixo as batatas de molho em água gelada, na geladeira, por meia hora: a batata palha fica sequinha e crocante. Um pequeno truque que muda o sabor.

Peixe ao pão
(4 pessoas)

1 peixe inteiro (robalo, ou pampo, ou tainha, ou papa-terra, ou corvina)
limão
sal
azeite de oliva
ervas
massa de pão ou de pizza (o quanto baste)

Sobre quantidades e porções: calcule aproximadamente 200g por pessoa. Comece a preparação retirando as escamas e abrindo o peixe ao meio, no sentido longitudinal. Retire as vísceras, limpe-o bem e tempere-o com sal, orégano, ou outras ervas de sua preferência, e limão. Cubra-o completamente com massa de pão ou de pizza, "esculpindo" a massa com a forma de um peixe, para decorar. Acomode-o numa assadeira, pincele com ovo, para dourar, e leve ao forno. Quando a massa dourar, está pronto o peixe.

Peixe ao sal

1 peixe inteiro (robalo, ou pampo, ou tainha, ou papa-terra, ou corvina – 200g por pessoa)
sal grosso de churrasco
sal fino para temperar o peixe por dentro
limão
sal
azeite de oliva
orégano (ou outra erva de sua preferência)

Receita de origem controvertida, há quem diga que é uma receita chinesa que os portugueses naturalizaram e trouxeram para o Brasil. Em Portugal, o peixe mais usado para esta receita é o robalo, mas você pode fazer com os outros peixes sugeridos. Não retire as escamas do peixe, mas abra-o, retire as vísceras, e limpe bem. Tempere com sal fino e limão por dentro. Coloque-o numa assadeira funda, cubra-o completamente com sal grosso. Leve ao forno por meia hora, 40 minutos. Quando retirar do fogo, quebre o sal, que fica duro como pedra. Retire a pele do peixe, que sai facilmente, com as escamas. Fica sensacional, uma delícia e, acredite se quiser, não fica salgado, não.

Peixe com bananas
(6 pessoas)

1kg de filé de linguado
sal e pimenta a gosto
suco de 1 limão
molho de verduras (ver receita à p. 157)
fatias de queijo mozarela picadas
bananas cortadas ao comprido
manteiga e azeite de oliva
queijo parmesão ralado

Tempere o peixe com sal, pimenta e limão. Coloque-o em uma fôrma untada com o azeite de oliva. Sobre ele, coloque uma camada de mozarela picada. Depois, as bananas. Por fim, acrescente o molho de verduras. Polvilhe com o queijo ralado e leve ao forno.

Peixe com molho de queijos
(4 pessoas)

½kg de filé de peixe temperado previamente com suco de limão, sal, pimenta e tempero verde picado
3 colheres de sopa de queijo parmesão ralado
½ copo de leite
½ copo de requeijão cremoso (125g)
200g de queijo-de-minas
4 claras
aspargos cortados em tiras
presunto cortado em tiras
manteiga para untar

Liquidifique o queijo parmesão, o leite, o requeijão e o queijo-de-minas. Bata as claras em neve e junte à mistura liquidificada. Coloque o peixe num prato refratário untado com manteiga. Cubra-o com uma camada de aspargos e outra de presunto. Derrame a mistura liquidificada sobre o peixe, polvilhe com queijo ralado e leve ao forno por cerca de 30 minutos.

O molho branco do marquês

O famoso molho branco, também chamado de molho béchamel, invenção do marquês de Béchamel, um nobre da corte do rei Luís XIV, tem duas formas de fazer: uma complicadíssima e outra muito fácil. Não vamos perder tempo com complicações. A forma simples de fazer o béchamel é bater no liquidificador 1 litro de leite, 2 colheres bem cheias de manteiga, 4 colheres bem cheias de farinha de trigo e um pouquinho de sal e pimenta branca. Quando a mistura estiver homogênea, leve a uma panela em fogo baixo, mexendo sempre, até engrossar. Além da lasanha, o molho branco serve para uma infinidade de usos na cozinha, das massas às carnes e peixes. Nossa gratidão ao marquês de Béchamel!

Peixe em camadas
(6 pessoas)

1kg de filés de peixe
2 batatas cortadas em rodelas finas
3 tomates cortados em fatias

2 cebolas cortadas em fatias finas
sal e azeite de oliva

Numa panela ampla, fora do fogo, comece a fazer as camadas. Primeiro, azeite de oliva no fundo. Depois, uma camada de peixe. Coloque sal. Em seguida, faça uma camada com as cebolas, depois os tomates e, em seguida, as batatas. Coloque mais um pouco de sal e mais um pouco de azeite de oliva. Faça quantas camadas forem necessárias. Tampe a panela e leve ao fogo por 1 hora, mais ou menos.

Tainha na grelha
(4 pessoas)

1 tainha inteira por pessoa
sal
limão

Use uma dessas grelhas portáteis, de abrir, feitas de alumínio. Não pode ser aquela grelha especial para peixe, porque é muito estreita. Tem que que ser a grelha larga, aquela que "imprensa" o conteúdo, usada geralmente para carne. Corte a tainha no sentido longitudinal, retire as vísceras, e limpe bem. Tempere-a com sal e limão, abra-a bem no meio e coloque-a aberta e imprensada na grelha, levando-a ao fogo primeiro pelo lado das escamas, e virando-a no final, para dourar a carne. Sirva com batatas cozidas e salada de tomates.

Caldo verde português
(8 pessoas)

2 litros de água
450g de batatas
1 molho de couve
½kg de lingüiça grossa cortada em fatias
1 colher de sopa de sal grosso
4 colheres de sopa de azeite

Leve ao fogo uma panela com a água e o sal. Quando ferver, coloque as batatas descascadas e cortadas em pedaços e a lingüiça. Quando as batatas estiverem cozidas, esmague-as, e torne a colocá-las na panela com água fervente; junte as folhas de couve cortadas e bem lavadas. Acrescente o azeite e deixe levantar fervura por dois ou três minutos com a panela destampada; segundo os portugueses, para a couve ficar bem verde. Sirva em tigela, juntando uma rodela de lingüiça. Seguindo a tradição portuguesa, acompanhe o caldo verde com broa de milho ou pão de centeio.

Canja de bacalhau à portuguesa
(4 pessoas)

1 posta pequena e 1 rabo de bacalhau
3 colheres de azeite
300g de batatas
2 colheres de sopa de arroz

Em Portugal, chama-se canja mesmo. Cubra com água e cozinhe, junto com azeite, a posta e o rabo de bacalhau previamente demolhados. Em seguida, retire o bacalhau e acrescente ao caldo fervente as batatas descascadas e cortadas em quadradinhos e o arroz. Deixe cozinhar. Enquanto isso, desfie o bacalhau e junte-o ao caldo. Deixe cozinhar em fogo baixo durante meia hora e está pronto.

Creme de alface
(4 pessoas)

500g de folhas de alface
2 colheres de sopa de manteiga
1 colher de sopa de farinha de trigo
1 litro de caldo de galinha
2 colheres de sopa de nata
1 gema
sal e pimenta

Para preparar esta sopa, utilize as folhas mais duras e escuras da alface e que geralmente não são aproveitadas para a salada (são as mais vitaminadas). Bata os ingredientes no liquidificador e cozinhe a mistura liquidificada numa panela com tampa, durante meia hora. Sirva com quadradinhos de pão torrado.

Creme de cebolas
(4 pessoas)

500g de cebolas
250g de batatas
2 colheres de sopa de manteiga

2 gemas
1 colher de sopa de farinha de trigo
1 colher de sopa de salsa picada

Passe no liquidificador as cebolas, as batatas, as gemas, a manteiga, a farinha de trigo, uma colher de sal e 1½ litro de água e coloque a mistura resultante em uma panela. Leve ao fogo e deixe levantar fervura. Baixe o fogo e deixe cozinhar por meia hora. Verifique o tempero. Na hora de servir, salpique salsa picada. Opcionalmente acrescente à fervura caldo de galinha.

Creme de tomate
(4 pessoas)

1kg de tomates
2 cenouras
2 cebolas
2 talos de aipo
1 litro de caldo de carne
2 colheres de sopa de manteiga
2 colheres de sopa de nata
1 colher de sopa de farinha de trigo
sal e açúcar

Bata todos os ingredientes no liquidificador. Leve-os ao fogo numa panela. Depois de ferver, baixe o fogo e deixe cozinhar por uma hora. Se o caldo estiver espesso, coloque mais um pouco de água, caso contrário, mais um pouco de farinha.

Molho de carne

2 litros de caldo de carne pronto
½ xícara de azeite de oliva
2 xícaras de farinha de trigo

Doure a farinha no azeite e junte o caldo de carne aos poucos, mexendo sempre, até que o molho fique cremoso.

Molho de verduras

½kg de tomates picados
2 pimentões vermelhos picados
50g de azeitonas pretas picadas
2 cenouras picadas
1 cebola picada
1 colher de sopa de salsa e cebolinha picadas

1 gema
1 colher de sopa de maisena
1 xícara de leite
½ xícara de azeite
sal e pimenta a gosto

Liquidifique todos os ingredientes e leve ao fogo até cozinhar.

Molho doce

50g de manteiga
10 colheres de sopa de açúcar
4 xícaras de molho de carne (ver receita à p. 157.)

Derreta a manteiga e junte o açúcar até que fique em ponto de caramelo. Acrescente o molho de carne, mexendo sem parar.

Sopa de charque com ervilha
(10 pessoas)

½kg de charque
1kg de ervilhas secas
1 cebola picada
½kg de batatas inglesas

Coloque o charque de molho de um dia para o outro, trocando a água pelo menos uma vez. Em separado, deixe de molho a ervilha seca. Corte o charque em pedaços e frite-o, junto com a ervilha e a cebola picada, em óleo bem quente. Depois, cubra com água e deixe ferver até que a ervilha se desmanche e o charque fique macio. Coloque as batatas e deixe ferver mais um pouco, até que elas fiquem macias.

Sabor de peixe fresco

O leite deixa o peixe mais macio e saboroso. Se o peixe for fresco, deixe-o de molho por alguns minutos no leite, antes de temperá-lo. Se for congelado, descongele-o diretamente no leite: ele vai ficar com sabor de peixe fresco. E por falar em peixe fresco, para saber se um peixe está fresco, observe os seguintes detalhes: ele deve ter olhos e escamas brilhantes, guelras bem vermelhas e carne rija, resistente à pressão dos dedos.

Sopa de peixe
(4 pessoas)

1 kg de peixe (cação, pescadinha ou um peixe bem barato)
½ pimentão verde cortado em tiras fininhas
½ pimentão vermelho cortado em tiras fininhas
6 dentes de alho esmagados
3 colheres de sopa de azeite
3 colheres de sopa de extrato de tomate
1 cebola picada
água
1 folha de louro

Numa panela com azeite, refogue a cebola, os dentes de alho, os pimentões, o extrato de tomate, a folha de louro e deixe cozinhar um pouco. Em seguida, coloque na panela o peixe cortado em pedaços e 2 litros de água. Deixe ferver até o peixe ficar bem cozido.

Sopa de pimentão amarelo
(4 pessoas)

1 aipo picado
1 cebola picada
2 cenouras picadas
6 pimentões amarelos em tiras e sem sementes
2 batatas em pedaços
1 litro de água
1 xícara de leite
2 xícaras de caldo de galinha já dissolvido
sal, pimenta-do-reino a gosto
folhas de louro
queijo parmesão ralado
azeite de oliva

Coloque numa panela azeite de oliva e frite o aipo, a cebola e as cenouras até que fiquem macios. Adicione os pimentões amarelos à panela. Cubra com um litro de água e o caldo de galinha. Junte as batatas. Deixe ferver por cerca de 25 minutos. Acrescente sal, pimenta, louro e o leite. Liquidifique tudo e sirva com pão e queijo parmesão ralado.

Batata murcha

O que fazer quando as batatas estão murchas, com as cascas enrugadas? As batatas murchas ficarão como novas se você misturar um pouco de vinagre à água em que serão cozidas. A batata murcha também recuperará o frescor se você cortar uma tira da sua casca e deixá-la de molho algum tempo em água fria.

Sopa de queijo
(4 pessoas)

1 xícara de queijo parmesão ralado
1 xícara de queijo prato ralado
1 xícara de queijo provolone ralado
2 xícaras de farinha de trigo
4 xícaras de leite
1 cebola média picada
2 dentes de alho picados
100g de manteiga
cebolinha picada

Refogue a cebola e o alho na manteiga, acrescente uma xícara de leite, a farinha e os queijos provolone e parmesão. Retire do fogo a mistura e liquidifique com o restante do leite. Leve ao fogo por mais alguns minutos, mexendo. Desligue o fogo, coloque o queijo prato e a cebolinha, mexa bem e sirva imediatamente.

Sopa de vinho
(6 pessoas)

1 litro de caldo de carne sem gordura
1 litro de vinho branco seco
6 gemas
200g de creme de leite ou nata

Bata no liquidificador todos os ingredientes. A seguir, leve essa mistura ao fogo, numa panela, mexendo bem, e deixe cozinhar. Mexa sempre, até obter uma consistência cremosa. Retire e sirva sobre pequenos cubos de pão torrado, polvilhados com canela.

Sopão verde
(4 pessoas)

1 lata de ervilha em conserva com água
1 pacote de creme de ervilha
300g de carne picada
1 cebola picada
150g de lingüiça
1 molho de espinafre
azeite de oliva

Bata no liquidificador o conteúdo da lata de ervilha com a água, o pacote de creme de ervilha e o espinafre. Coloque um pouco de água antes de bater. Vai ficar um belo creme verde. Reserve. Numa panela ampla, frite a carne, a cebola e a lingüiça cortada em rodelas com um pouco de azeite de oliva. Acrescente o creme verde batido no liquidificador e deixe ferver por meia hora. Para deixar mais líquido o sopão, acrescente água.

Pão de batata-doce

3 ovos
2 copos de leite morno
4 colheres de sopa de açúcar
1 colher de sopa de sal
1 copo de azeite
3 batatas-doces médias cozidas
1,1kg de farinha
2 tabletes de fermento diluídos em leite morno (60g)

Comece por cozinhar as batatas-doces. Enquanto isso, numa bacia, misture bem 1kg de farinha com o fermento e reserve. Bata no liquidificador as batatas doces cozidas, junto com os demais ingredientes – com exceção da farinha e do fermento. A mistura do liquidificador vai ficar um creme. Esse creme batido deve ser misturado à farinha e ao fermento, na bacia. Misture bem. Provavelmente precisará de mais um pouquinho de farinha, para dar o ponto à massa. A massa deve desgrudar da mão. Deixe-a descansar, para crescer (1 hora). Depois, amasse-a novamente e faça a modelagem dos pãezinhos, em forma de bolinhas. Arrume-os numa assadeira e deixe crescer por mais 1 hora. Leve ao forno de 180 graus por aproximadamente 35 minutos. Como sugestão, passar uma gema de ovo por cima, para dourar, antes de levar ao forno.

Purê nível internacional

Na cozinha, a simplicidade é uma virtude. Veja o caso de Joel Robuchon, francês que é considerado um dos maiores cozinheiros do mundo. Ele ficou famoso pela excelência do seu purê de batatas, veja só! Até purê de batatas tem segredos. Um deles: quando cozinhar batatas para fazer purê, é melhor cozinhá-las descascadas, pois o purê só ficará leve e saboroso se as batatas forem espremidas imediatamente após saírem do fogo. Bata muito bem e acrescente o leite aos poucos. Detalhe secreto: ao bater o purê de batatas, experimente acrescentar uma pitada de fermento em pó. Fica um purê de nível internacional.

Pão de lingüiça

1 colher de sopa de sal
4 colheres de sopa de queijo parmesão ralado
1½ colher de chá de açúcar
1kg de farinha de trigo
1 xícara de água morna aproximadamente
50g de fermento biológico
200g de lingüiça calabresa defumada cortada em rodelas finas
3 colheres de sopa de azeite de oliva
150g de queijo mozarela ralado grosso

Coloque o fermento em uma tigela funda e salpique com o açúcar. Com um garfo, amasse o fermento e o açúcar até obter uma pasta. Acrescente metade da água morna e misture. Coloque na mistura 1 xícara de farinha de trigo, misture e deixe repousar por 15 minutos. Acrescente a farinha restante e o sal, misture bem e vá acrescentando água morna aos poucos para obter uma massa lisa e macia. Amasse por 10 minutos e coloque a massa novamente na tigela. Cubra com um pano úmido. Deixe a massa dobrar de volume por cerca de 40 minutos, dependendo da temperatura do dia. Amasse novamente a massa por 5 minutos, abra com um rolo formando um retângulo de aproximadamente 50x30cm. Arrume sobre a massa a lingüiça e salpique com a mozarela e o parmesão. Enrole-a como se fosse um rocambole e, com a ponta dos dedos, aperte bem a emenda e as pontas. Faça um círculo com a massa unindo bem as extremidades. Coloque em uma fôrma de bolo de 25cm (furo no meio). Cubra novamente com um pano e deixe o pão crescer novamente por cerca de 30 minutos. Preaqueça o forno em médio. Pincele o pão com um pouco de azeite de oliva e leve ao forno para assar por cerca de 1 hora. Deixe esfriar completamente para retirar da fôrma.

Pão-de-casa

1½ xícara de leite morno
2 pacotinhos de fermento (30g cada)
1 pitada de açúcar
½ colher de sopa de sal
4 xícaras de farinha de trigo
1 ovo
4 colheres de sopa de azeite

Misture o fermento com o leite morno e o açúcar, deixando descansar por 20 minutos. Depois, misture com os outros ingredientes, formando uma massa uniforme, que deve ser colocada numa assadeira untada. Antes de ir ao forno, deixe crescer, durante uns 40 minutos, num ambiente não muito frio. A seguir, asse em forno médio por 30 minutos.

Arroz-doce
(6 pessoas)

1 xícara de arroz lavado e escorrido
4 xícaras de leite
1 xícara de açúcar
2 colheres de sopa de água de rosas ou de flor de laranjeira
1 colher de sopa de canela em pó

Numa panela, misture o arroz e o leite e leve ao fogo alto, até ferver. Reduza o fogo para brando e cozinhe, mexendo sempre com uma colher de pau, para a mistura não grudar no fundo da panela, por cerca de 50 minutos ou até o arroz ficar macio. Acrescente o açúcar e a água de rosas ou flor de laranjeira, misture bem e tire do fogo. Coloque o arroz-doce numa travessa, polvilhe com canela e sirva.

Tábuas e colheres de madeira na cozinha

Muitas pessoas qualificadas gostam de usar na cozinha as tábuas e colheres de madeira, argumentando que aquelas "tábuas", entre aspas, de nylon, com a umidade, favorecem as bactérias. As tábuas de madeira para o preparo de alimentos, infelizmente, são proibidas nos restaurantes, mas você pode usar em casa sem problemas, com higiene e segurança. Para limpá-las, antes e depois do uso, uso detergente comum e água. Periodicamente lave as tábuas e colheres de madeira com uma solução de água e vinagre. Cá pra nós, mexer um refogado com colher de pau muda a qualidade do trabalho, e acho até que do produto final.

Baba de sapo
(8 pessoas)

Para o creme:
1 litro de leite
1 caixinha de creme de leite (200g)
4 gemas
4 colheres de sopa de açúcar
1 colher de sopa de maisena
canela em pó

Para a baba:
4 claras
8 colheres de sopa de açúcar

Coloque o leite para ferver, mas antes separe um copo e reserve. Bata as claras em neve com o açúcar. Quando o leite levantar fervura, faça bolas com as claras e coloque sobre ele. Deixe um pouco e retire, distribuindo as bolas de clara num refratário. Para fazer o creme, bata no liquidificador o copo de leite, as gemas, o açúcar, o creme de leite e a maisena. Depois acrescente a mistura ao leite que deve estar fora do fogo. Ligue o fogo novamente e mexa bem até engrossar. Coloque o creme por cima das bolas de clara em neve e leve à geladeira. Sirva com canela em pó!

Banana ao licor
(4 pessoas)

2 bananas fatiadas ao comprido
2 colheres de sopa de açúcar mascavo (se quiser, use açúcar comum)
½ copo de suco de laranja
1 dose de licor
2 colheres de sopa de manteiga

Leve as bananas ao fogo numa frigideira refratária, com manteiga e açúcar. Quando começar a cozinhar e a amaciar a banana, regue com o suco de laranja e o licor. Não leva mais do que 2 ou 3 minutos, e fica uma delícia.

Bolo cremoso da Regina

4 ovos
4 copos de açúcar

4 copos de leite
1 copo de queijo minas ou ricota (picados)
50g de queijo ralado
2 colheres de sopa de manteiga
2 colheres de sopa bem cheias de farinha de trigo
9 colheres de sopa bem cheias de farinha de milho fina
1 colher de sopa de fermento

Esta receita leva muitos ingredientes, mas é muito fácil e, sobretudo, muito barata. Todos os ingredientes têm baixo custo e são muito fáceis de encontrar.

Coloque tudo no liquidificador e bata bem, até obter uma massa cremosa e homogênea. Derrame essa massa cremosa numa fôrma previamente untada, e leve ao forno médio, preaquecido, por aproximadamente 45 minutos.

Bolinho cremoso de chocolate

1¼ xícara de manteiga
¾ de xícara de açúcar
¾ de xícara de farinha de trigo peneirada

250g de chocolate meio amargo partido em pedaços
5 gemas
5 ovos inteiros
forminhas com 7cm de diâmetro untadas com manteiga

    Antes de começar a trabalhar na receita, deixe o forno aquecendo em temperatura média. Numa tigela refratária, colocada em banho-maria numa panela com água bem quente, sem ferver, derreta o chocolate e a manteiga, mexendo delicadamente. À parte, numa tigela grande, misture com uma colher de pau as gemas com os ovos e o açúcar, acrescentando, a seguir, o chocolate derretido e a farinha, aos poucos, mexendo bem, até que resulte numa massa homogênea. Essa massa deve ser distribuída nas forminhas já untadas. A seguir, leve-as ao forno por 15 minutos, ou até os bolinhos ficarem secos por fora. Retire do forno e desenforme. Deverão ficar sequinhos por fora e cremosos por dentro. O ideal é servi-los ainda quentes, acompanhados com uma bola de sorvete de baunilha.

Dica de economia

Num país como o nosso, é impressionante como se desperdiça alimentos. Sabe aquelas folhas que vêm no molho de beterraba? Fico impressionado porque as pessoas, automaticamente, sem nem pensar, na hora de preparar as beterrabas colocam no lixo as folhas, sem saber que são vegetais muito nutritivos, riquíssimos em vitaminas, e muito saborosos. Faça o teste. Em vez de jogar no lixo, lave as folhas da beterraba e coloque-as numa vasilha com água e um pouco de vinagre branco. Escorra e pique. Depois, acrescente estas folhas picadas a um refogado feito com dois dentes de alho e duas colheres de sopa de azeite de oliva. Adicione uma pitada de sal e uma pitada de pimenta. Você terá um acompanhamento nutritivo e saboroso para carnes e para enriquecer a refeição.

Bolo da Ciça
Bolo de laranja com casca

Para o bolo:
1 xícara de óleo
1 laranja cortada em pedaços
4 ovos
2 xícaras de farinha de trigo
1½ xícara de açúcar branco
½ xícara de açúcar mascavo
1 colher de sopa de fermento para bolo

Para a calda:
4 colheres de açúcar de confeiteiro
½ copo de suco de laranja

Retire a parte branca interior dos pedaços de laranja e bata-os no liquidificador com o óleo e os ovos. Reserve. Passe a farinha, o açúcar branco, o mascavo e o fermento por uma peneira e misture bem. Junte a esta massa a mistura batida no liquidificador e mexa bem. Coloque tudo numa fôrma untada e enfarinhada, com furo no meio. Leve ao forno médio por, em média, 40 minutos. Desenforme ainda morno e coloque sobre ele a calda, que é feita misturando-se o açúcar de confeiteiro com o suco de laranja.

Bolo de cenoura diet

1 laranja pequena com casca e sem sementes
½ colher de chá de canela em pó
½ colher de chá de noz-moscada
1 colher de chá de essência de baunilha
adoçante equivalente a 12 colheres de chá de açúcar
1 colher de chá de fermento em pó químico
4 fatias de pão integral esfareladas
1 maçã pequena descascada e ralada
½ xícara de cenoura ralada
¼ de xícara de passas

Bata no liquidificador a laranja. Adicione a canela, a noz-moscada, a baunilha, o adoçante e o fermento e continue a bater até misturar bem. Despeje numa tigela. Acrescente o pão, a maçã, a cenoura e as passas, misture bem. Despeje numa fôrma para bolo untada e leve ao forno (moderado) por 50-60 minutos, até que o palito saia limpo.

Mais dicas para acabar com os cheiros da cozinha

Na cozinha, buscamos sempre os aromas e os sabores dos ingredientes. Mas, *depois* de preparados os pratos mais saborosos e perfumados, ficam os cheiros. No ar, nas mãos de quem cozinha, por toda a parte. Há truques simples para resolver esse problema.

Aquele cheiro de alho que fica nas mãos, por exemplo. Esfregue talos de salsinha nas mãos e o cheiro de alho das mãos desaparece.

Outro cheiro que entranha nas mãos: o cheiro de peixe. É simples: esfregue as mãos com um pouco de pó de café já usado.

E os cheiros que ficam pela casa? Para tirar o odor de fritura que fica pela casa, coloque a ferver, com água, uma casca de laranja polvilhada com açúcar.

E os cheiros que ficam nos utensílios de cozinha? Você tira facilmente o cheiro de peixe das panelas esfregando, na primeira lavagem, um pouco de pó de café usado. Depois, lave as panelas com sabão e o cheiro desaparecerá. São pequenos truques para a felicidade na cozinha.

Bolo de guaraná ou fanta

5 ovos
300ml de refrigerante guaraná ou fanta laranja
2 xícaras de açúcar
2 xícaras de farinha de trigo
1 colher de sopa de fermento em pó
1 lata de leite condensado (395g)
1 vidro pequeno de leite de coco (200ml)
1 pacote pequeno de coco ralado (50g)

Separe as gemas das claras. Bata no liquidificador as gemas, o açúcar, o refrigerante e a farinha de trigo. Reserve. Bata as claras em neve e adicione o fermento em pó peneirado. Misture delicadamente e incorpore estas claras à massa reservada. Mexa e despeje em uma assadeira untada e polvilhada. Asse em forno médio preaquecido até que, ao enfiar um palito, ele saia seco. Retire do forno, fure a superfície com um palito e espalhe o leite de coco misturado com o leite condensado. Para finalizar polvilhe o coco ralado e volte ao forno por mais cinco minutos. Sirva depois de frio.

Bolo de laranja

3 xícaras de açúcar
3 xícaras de farinha de trigo peneirada
1 xícara de suco de laranja
2 colheres de sopa de manteiga ou margarina em temperatura ambiente
1 colher de sopa de fermento em pó
3 gemas
3 claras
açúcar cristal para polvilhar

Para as quantidades desta receita, o ideal é utilizar uma assadeira retangular de 30x40cm. Bata bem a manteiga com o açúcar. Junte as gemas, uma a uma, e bata mais. Adicione a farinha de trigo, o fermento e o suco de laranja e misture até ficar uma mistura homogênea. Reserve. Bata as claras em neve e acrescente-as à massa, mexendo delicadamente, formando a massa do bolo. Unte a assadeira com manteiga e polvilhe com farinha de trigo. Despeje a massa do bolo e asse por 25 minutos. Deixe esfriar e corte em quadradinhos. Se quiser um sabor mais forte de laranja, regue o bolo já assado e ainda quente com uma mistura de quatro colheres de açúcar e meia xícara de suco de laranja. O toque final: polvilhe a superfície com açúcar cristal.

A saúde das frutas

Frutas fazem tão bem à saúde, que é preciso cuidar da saúde das frutas que vamos consumir.

Para conservá-las por mais tempo, guarde-as na geladeira, de preferência embrulhadas em papel-alumínio. Mas, atenção! O pessoal tem a mania de chegar em casa, depois da feira, e lavar uvas, maçãs, pêras e outras frutas antes de guardar na geladeira.

Não faça isso! Nunca lave frutas para guardar na geladeira. Lave somente na hora em que for consumir a fruta. Assim, ela se conservará por muito mais tempo, e você economiza e não desperdiça.

Outra dica de saúde & economia. Depois de descascar o abacaxi, não jogue fora as cascas. Coloque-as de molho numa jarra d'água na geladeira de um dia para o outro. De manhã, você terá um saboroso suco de abacaxi. Coloque açúcar ou adoçante e experimente. Fica uma delícia!

Bolo de queijo e coco

1 garrafinha de leite de coco (200ml)
200ml de leite morno
100g de queijo parmesão ralado
2 colheres de sopa de manteiga derretida
2 xícaras de açúcar
1½ xícara de farinha de trigo
1 colher de sopa de fermento em pó

    Bata no liquidificador todos os ingredientes, exceto a farinha e o fermento. Em um recipiente à parte, peneire e misture muito bem a farinha com o fermento. Acrescente a mistura feita no liquidificador, misturando bem até que fique uma massa bem homogênea. Unte e enfarinhe uma fôrma com furo no meio e leve para assar em forno médio por aproximadamente 40 minutos ou até que fique dourado.

Conserve seus temperos

Os cozinheiros e cozinheiras adoram comprar temperos, frescos ou em conservas, e às vezes esquecem de cuidá-los de forma adequada.

Primeiro de tudo, nunca guarde condimentos perto do fogão, pois eles perderão a cor e o sabor. Para que os condimentos continuem sempre frescos, guarde-os na geladeira. A geladeira é o melhor lugar para conservar seus temperos.

Outra dica: não jogue fora aquele vidro de mostarda que secou. Adicione algumas gotas de azeite, um pouco de vinagre e de sal, e a mostarda ficará úmida e saborosa outra vez.

Por falar em tempero, para dar mais sabor à sua salada use um truque simples: esfregue alho na saladeira antes de colocar a salada. As folhas verdes, tomates, cenouras e outros vegetais vão ficar com um toque muito especial.

Bolo recheado Romeu e Julieta

Para a massa:
½ lata de leite condensado
1 xícara de açúcar
2 colheres de sopa de manteiga ou margarina
2 colheres de sopa de sumo de limão
raspa de limão
2 xícaras de farinha de trigo
1 colher de sopa de fermento em pó

Para o recheio:
½ lata de leite condensado
2 ovos inteiros
2 colheres de sopa de margarina
3 colheres de sopa de farinha de trigo
250g de queijo minas
250g de goiabada (ou mais um pouco, se desejar)

Não confundir com outra receita, bem diferente, o "Cheesecake Romeu e Julieta". Nesta receita, da amiga Dione Zibetti, você começa batendo os ingredientes da massa na batedeira, colocando aos poucos a farinha e o fermento. Divida a massa em duas porções e abra cada parte separadamente (entre dois plásticos, pois propicia melhor desdobramento da massa). Com uma parte, forre uma fôrma redonda. A segunda parte é para cobrir. Agora faça o recheio. Misture os quatro primeiros ingredientes do recheio, acrescente o queijo e a goiabada cortados em cubos. Despeje sobre a massa, que já está na fôrma. Cubra com a outra parte. Leve ao forno preaquecido por mais ou menos 30 minutos. Sirva fria ou gelada.

Cheesecake diet

Para a massa:
8 ovos
300g de ricota light
2 xícaras de requeijão light
8 colheres de sopa de adoçante próprio para ir ao fogo
raspas da casca de 1 limão

Para cobertura:
250g de goiabada dietética
1 xícara de água

Leve todos os ingredientes da massa ao liquidificador e bata por aproximadamente 3 minutos. Unte e enfarinhe uma fôrma de fundo removível. Despeje o conteúdo do liquidificador dentro dela e leve ao forno preaquecido por min. Para verificar se já está assada, teste com um palito; estará pronta, quando o palito sair seco. Retire do forno e deixe esfriar. Desenforme quando estiver fria. Bata no liquidificador a goiabada com a água. Leve ao fogo em uma panela e deixe engrossar. Logo após, despeje em cima da massa, que já está fria. É só servir.

Cheesecake Romeu e Julieta

Para a massa:
300g de bolachas Maria sabor chocolate, moídas
100g de manteiga sem sal derretida
1 gema
2 colheres de sopa de chocolate em pó

Para o recheio:
1 xícara de chá de leite integral
3 colheres de sopa de manteiga sem sal

300g de ricota
1 lata de leite condensado (395g)
3 ovos inteiros
Para a cobertura:
200g de goiabada picada
1 xícara de água

Misture o biscoito moído com a manteiga para formar uma farofa. Modele a crosta do cheesecake apertando no fundo e nas laterais de uma fôrma de fundo removível, de 22cm de diâmetro. Ferva o leite com a manteiga. No liquidificador, bata a ricota e vá adicionando leite fervente para desfazê-la completamente. Acrescente o leite condensado e os ovos e volte a bater. Despeje esta mistura sobre a crosta. Leve ao forno à temperatura baixa (150°C) para assar lentamente, cerca de 30 minutos. Em seguida derreta a goiabada com a água e cubra o cheesecake. Sirva frio.

Farofa de frutas assadas

Para a farofa:
1½ xícara de farinha de trigo

3 colheres de amido de milho
1 gema
1 xícara de açúcar
100g de margarina
1 colher de canela em pó

Para o preparo e finalização do doce:
1 lata de figos em compota, sem a calda
2 latas de pêssegos em compota, sem a calda
1 vidro pequeno de cereja, sem a calda
100g de passas de uvas
2 bananas cortadas em rodelas
2 mangas picadas
1 lata de abacaxi em compota, sem a calda
1 caixinha de morango natural
6 maçãs (sem casca)
100g de nozes ou castanhas moídas
100g de ameixas pretas sem caroço
6 colheres de sopa de açúcar
1 colher de sopa de canela em pó
margarina para untar a fôrma

Amasse todos os ingredientes indicados para a farofa, até que se forme uma mistura idêntica à farofa de cuca. Essa farofa vai ser espalhada por cima das frutas, no refratário ou na fôrma que vai ao forno. Depois faça o doce. Se não tiver disponíveis todos os ingredientes indicados, use apenas o que tiver, que ficará igualmente um doce de muito sabor e ótima apresentação. Pique todas as frutas em pedaços irregulares. Junte todos os ingredientes e misture-os com as mãos. Unte com margarina uma fôrma ou prato refratário grande. Acomode as frutas picadas na fôrma. Espalhe a farofa por cima das frutas. Leve para assar em forno médio (180º C), por aproximadamente 40 minutos. Sirva quente juntamente com uma bola de sorvete de creme.

Flan de doce de leite

1½ xícara de leite
½ xícara de doce de leite em pasta
½ colher de chá de essência de baunilha
3 ovos graúdos

Para o caramelo:
1 xícara de açúcar
3 colheres de sopa de água

Coloque o leite em uma panela e acrescente o doce de leite. Leve ao fogo baixo e misture com uma colher de pau até que o leite se incorpore ao doce. Retire do fogo e deixe a mistura esfriar. Prepare o caramelo, colocando em uma pequena panela o açúcar e a água, e misture. Tampe a panela e leve ao fogo. Deixe ferver por 2 minutos, retire a tampa e continue cozinhando o açúcar até obter um tom de caramelo claro. Assim que começar a dar a cor, gire constantemente a panela para distribuir bem a temperatura do açúcar. Divida o caramelo em 6 forminhas individuais para pudim, ou então ramequins (forminhas refratárias), gire a forminha para caramelizar bem a parte interna. Reserve. Preaqueça o forno até, no mínimo, 90 graus. Acrescente a essência de baunilha e os 3 ovos àquela mistura de leite e doce de leite, até que incorpore bem. Vai resultar num creme com boa consistência. Passe esse creme por uma peneira fina e encha as forminhas. Prepare uma assadeira com água morna e coloque nela as forminhas, em banho-maria, para assar. Leve ao forno por cerca de 40 minutos. Retire, deixe esfriar e leve à geladeira por 4 horas. Para desenformar, passe uma pequena faca na borda de cada pequeno pudim. Sirva em pratinhos individuais.

Vinho na comida

O vinho é um tempero precioso na comida. Vários molhos muito saborosos podem ser feitos com vinho. Às vezes, ele aparece muito bem como personagem principal, usado em boa quantidade. Outras vezes apenas um toque, que compõe o sabor final. De qualquer maneira fica sempre muito gostoso.

Uma boa dica, quando usar vinho num molho de tomate para massa, por exemplo, é cozinhar bem, que o sabor vai ficar demais. Quanto mais cozinhar o vinho no molho, melhor ele fica. Algumas pessoas que têm filhos pequenos preocupam-se em usar vinho na comida, por causa do álcool. Não há motivo para preocupação. É só deixar o molho ferver. Depois de 70 graus centígrados, o álcool se volatiliza e, no molho, fica apenas o toque saboroso do vinho.

Laranja no forno

12 ovos
2 copos de suco de laranja
24 colheres de sopa de açúcar
1 colher de sopa de amido de milho
1 pitada de sal

Liquidifique tudo e leve ao forno em uma fôrma caramelizada com 1½ xícara de açúcar. Asse em forno brando por aproximadamente 1h15min. Desenforme ainda morno. Sirva bem gelado.

Maçã de festa
(8 pessoas)

8 maçãs
8 xícaras de açúcar
1 garrafa de vinho branco

As maçãs devem ficar com casca. Faça apenas um talho no sentido horizontal, em toda a circunferência (para evitar que a casca enrugue muito quando for ao forno) e retire cuidadosamente o cabo e as sementes de cada uma das maçãs, usando uma faquinha fina ou um instrumento especial para isso que existe à venda nas lojas, deixando um furo (um cilindro oco) no meio dela. Disponha as maçãs num refratário, coloque o açúcar, derramando uma xícara em cima de cada maçã, de forma a preencher o furo, deixando "transbordar" o açúcar pelos lados delas. Despeje o vinho branco ao redor e leve ao forno forte por 2 horas, no mínimo.

Maçãs em calda diet

6 maçãs fujy
2 pauzinhos de canela
2 colheres de sopa de adoçante próprio para ir ao fogo
1 caixa de gelatina diet sabor morango ou frutas vermelhas
2 copos de água

Comece descascando as maçãs, sem tirar o cabinho. Acomode-as em uma panela de pressão e polvilhe com o adoçante. Dissolva a gelatina na água quente, coloque sobre as maçãs e junte a canela. Tampe a panela de pressão e deixe fechada por aproximadamente oito horas. Depois, ainda com a panela fechada, leve ao fogo e, assim que começar a ferver, marque exatamente 90 segundos e desligue o fogo. Deixe a panela fechada por mais seis horas. Abra a panela e retire as maçãs com a calda. Ficam com um aspecto lindíssimo e são uma ótima sobremesa, principalmente para quem está de dieta ou quer controlar o peso.

Maçãs verdejantes
(6 pessoas)

6 maçãs do tipo fujy (tem que ser fujy)
6 colheres de sopa de açúcar
1 garrafa de vinho branco
2 xícaras de licor de menta

Numa panela, misture as maçãs, o açúcar (a proporção é uma colher de açúcar para cada maçã), o vinho branco e o licor de menta. Ponha a ferver, durante umas duas horas, e está pronto. As maçãs vão ficar bem verdes, verdejantes.

Azeite de oliva

Muita gente na Europa está bebendo uma colher de azeite de oliva todas as manhãs. Poucos alimentos fazem tão bem à saúde como o azeite de oliva, que é um sumo de fruta 100% natural extraído da azeitona. Ele tem vários componentes importantes, entre eles as vitaminas A e E e outros compostos fenólicos que lhe conferem propriedades antioxidantes. Há uma idéia errada de que todas as gorduras (lipídios) são prejudiciais. Na verdade, certas gorduras são imprescindíveis a nossa saúde em doses adequadas. O consumo de azeite de oliva ajuda a reduzir o "mau" colesterol (LDL), mantendo o nível do "bom" colesterol (HDL). Por outro lado, a vitamina E tem uma função antioxidante sobre as paredes das artérias. Com isso, ajuda a prevenir doenças cardiovasculares como aterosclerose, trombose, enfarte e acidentes vasculares cerebrais, além de doenças como a diabetes, e combate o excesso de acidez no estômago. De acordo com várias pesquisas, o consumo de azeite pode ajudar na prevenção de alguns tipos de câncer, principalmente o de mama. E como se não bastasse, o azeite de oliva é muito saboroso!

Panqueca de banana
(4 pessoas)

4 ovos
1 xícara de farinha de trigo
1 xícara de leite gelado
1 colher de sopa de manteiga
1 pitada de sal
1 colher de sopa de açúcar com canela
1 banana média cortada em finas fatias
1 bola de sorvete

No liquidificador, bata os ovos inteiros com a farinha de trigo, o leite gelado e o sal. Reserve. Leve ao fogo uma frigideira com a manteiga. Logo que a manteiga derreter, coloque o açúcar com a canela e em seguida a banana. Derrame a massa batida por cima e deixe cozinhar. Quando estiver soltando do fundo, é hora de virar! Deixe cozinhar o outro lado e está pronta a panqueca de banana. Sirva com uma bola de sorvete.

Peras bêbadas
(6 pessoas)

6 peras
8 colheres de sopa de açúcar
um punhado de cravos
canela em rama
2 garrafas de vinho tinto
1 colher de sopa de farinha de trigo

Descasque as peras sem tirar o talo. Coloque-as numa panela e acrescente o açúcar, os cravos, a canela e o vinho até que as peras fiquem cobertas. Leve ao fogo por 1 hora. Depois dissolva a farinha de trigo em água e coloque na panela para engrossar o caldo. Deixe por mais dez minutos, aproximadamente. Está pronto. Deixe esfriar e sirva!

Pudim de claras
(6 pessoas)

6 ovos
12 colheres de sopa cheias de açúcar
1 caixinha de morangos (200g)
2 xícaras de leite

1 colher de sopa rasa de farinha de trigo
1 cálice pequeno de rum ou licor

Separe as gemas das claras. Bata as claras em neve bem firme, junte 8 colheres de sopa de açúcar e misture bem. Despeje numa fôrma alta própria para pudins e untada e leve ao forno em banho-maria. Bata as gemas com as 4 colheres restantes de açúcar e misture com a farinha de trigo desmanchada em um pouco de leite frio. Ferva o resto do leite fervendo, misture a elas e leve ao fogo para engrossar, mexendo sempre. Perfume com o rum ou o licor. Desenforme o pudim, coloque o creme ao redor e enfeite com os morangos lavados e enxutos. Sirva gelado. Nota: preferindo, use uma fôrma caramelada.

Pudim diferente

1 litro de leite
1 lata de leite condensado
2 xícaras de açúcar
4 ovos

Leve ao fogo brando o leite, o leite condensado e o açúcar e deixe ferver por aproximadamente 10 minutos, mexendo sempre. Retire do fogo, deixe esfriar um pouco e leve ao liquidificador juntamente com os ovos, liquidificando bem. Caramelize uma fôrma e leve ao fogo em banho-maria por aproximadamente 1 hora. Desenforme quando já estiver bem frio. Sirva gelado.

Rocambole de coco

Para o recheio:
1 xícara de coco ralado
2 colheres de manteiga
1 lata de leite condensado

Para a massa:
1 xícara de açúcar
3 colheres de farinha de trigo
3 colheres de maisena
1 colher de fermento em pó
6 claras batidas em neve
6 gemas

açúcar cristal para cobertura

Para as quantidades desta receita, o ideal é usar uma assadeira retangular de 41x27,5cm. Forre a assadeira com papel-manteiga. Misture todos os ingredientes do recheio e ponha na assadeira. Reserve. Na batedeira, bata as gemas com duas colheres e meia de água, até espumarem. Junte o açúcar e bata bem. Numa tigela, misture a farinha de trigo, a maisena e o fermento e peneire sobre as gemas batidas. Misture tudo delicadamente. Acrescente as claras, já batidas em neve, mexendo delicadamente, e a massa estará pronta. Ponha essa massa sobre o recheio, na assadeira. Leve ao forno, em temperatura média, por 20 minutos. Desenforme com cuidado, enrole o rocambole e polvilhe com açúcar cristal. Corte e sirva.

Sorvete Tartuffo

4 copos de leite
1 lata de creme de leite sem soro
6 ovos
1 xícara de açúcar
1 colher de chá de maisena
100g de chocolate em pó meio amargo
1 barra de chocolate meio amargo ralado

Separe as claras e gemas. Bata as claras em neve firme e misture com a metade do açúcar, até ficar um merengue (suspiro). À parte, faça uma gemada com o restante do açúcar e misture, mexendo sem parar, com o leite. Junte a maisena e o chocolate em pó. Leve ao fogo brando, mexendo sempre, cuidando para não ferver. Depois de esfriar, misture com o merengue, bata bem e junte o creme de leite. Misture o chocolate ralado e leve ao congelador por umas 3 horas. De vez em quando, bata para que fique macio e cremoso. Sirva com uma colher de nata batida por cima.

Torta Circe
(com maçãs)

6 ou 7 maçãs fujy descascadas e cortadas em fatias bem finas
1½ xícara de açúcar
1½ xícara de farinha de trigo
10g de fermento em pó
4 ovos inteiros
3 colheres de sopa de margarina

Para cobrir:
1 xícara de açúcar
3 colheres de sopa de canela em pó

Peneire o açúcar, a farinha de trigo e o fermento em pó juntos, misture bem e reserve. Unte uma fôrma redonda com margarina e faça a primeira camada de maçãs, logo após faça uma camada fina com a farinha que está reservada; vá alternando as camadas: maçãs, farinha, maçãs, farinha.... a última camada deve ser de maçã (aproximadamente 5 ou 6 camadas). Bata os ovos junto com a margarina derretida e coloque em cima da última camada, faça alguns furos para que os ovos penetrem no meio das camadas. Misture o açúcar da cobertura e a canela e despeje por cima desta camada de ovos. Leve ao forno médio, preaquecido, por aproximadamente 40 minutos.

Arroz: boas e más notícias

Consumido desde 3 mil anos a. C., o arroz é um dos primeiros alimentos da humanidade e até hoje o prato básico... de mais de 3 bilhões de pessoas, metade da população mundial! Para alimentar essa imensa comunidade, o mundo precisa produzir anualmente de 400 a 500 milhões de toneladas de arroz, o que significa uma fantástica lavoura de 150 milhões de hectares. O arroz é um dos alimentos mais bem balanceados nutricionalmente e ganha do trigo, que é deficiente em certos aminoácidos. A má notícia é que o processo de polimento do arroz, desse arroz que consumimos no dia-a-dia, retira dele os melhores nutrientes, presentes na casca do grão. A boa notícia é que o arroz integral, que está à venda por toda parte, e o arroz parboilizado – que não são polidos – mantêm todos os nutrientes.

Torta de bolacha

1 lata de leite condensado
3 latas de creme de leite
leite para molhar as bolachas
400g de bolachas doces tipo "Maria"
1 colher de sopa de margarina
1 colher de sopa de açúcar

Primeiro, faça a cobertura, misturando no fogo baixo o leite condensado e a manteiga. Misture sempre até dar uma leve engrossada. Reserve. Misture o creme de leite com o açúcar. Para montar a torta, vá molhando as bolachas no leite e intercalando uma camada de bolacha e uma camada de creme de leite misturado com açúcar. Por cima de tudo coloque o leite condensado já pronto. Leve à geladeira por umas duas horas: vai ficar bem consistente.

Torta de limão

Para a massa:
2½ xícaras de farinha de trigo
200g de manteiga na temperatura ambiente

2 colheres de sopa de açúcar
1 colher de suco de limão

Para o recheito:
1 lata de leite condensado (395g)
4 gemas
suco de 5 limões
4 claras batidas em neve

Em um recipiente, coloque a farinha de trigo, a manteiga e o açúcar, misturando bem. Acrescente 1 colher de suco de limão. Leve esta massa à geladeira por 30 minutos, envolvida em plástico, para descansar. Depois abra a massa numa espessura de 2,5cm. Cubra com ela o fundo e as laterais de uma fôrma com fundo removível e dê uma pré-assada por 10 a 15 minutos. Enquanto isso, prepare o recheio. Misture bem o leite condensado com as gemas, e acrescente o suco dos 5 limões aos poucos, mexendo bem. Coloque este recheio na fôrma sobre a massa pré-assada. Bata em neve as claras, fazendo um merengue, e coloque sobre o recheio. Leve ao forno por 10 minutos, até dourar o merengue.

O choro da cebola

Meu pai tinha horror de cebola. Rubem Braga, o grande escritor, chegou a escrever um manifesto contra a cebola. Mas a cebola é um alimento fabuloso, com incontáveis virtudes terapêuticas. Melhora a circulação sangüínea e tem alto teor de vitaminas B e C, especialmente quando consumida como salada. Além dessas qualidades, dá um toque especial a qualquer prato. O problema é descascar a cebola. Não há quem não chore. Existe uma simpatia popular que manda colocar miolo de pão entre os dentes, ou então manter a boca cheia d'água, na hora de descascar a cebola. Dizem que evita o choro. Será verdade? Não sei não. Vou contar dois segredos que funcionam. Um deles, não cortar o talo da cebola: na hora de descascar, comece pela outra ponta. E outro, mergulhar as cebolas em água bem quente, antes de cortá-las. Eu, pelo menos, não choro quando faço assim na hora de descascar a cebola. Experimente.

Torta de ricota

1 xícara de leite
½ xícara de passas pretas
1 envelope de fermento em pó (30g)
1 colher de sopa de maisena
500g de ricota fresca
4 ovos
1 lata de leite condensado
raspas de casca de 1 limão

No liquidificador, bata todos os ingredientes, com exceção das passas. Depois acrescente as passas, sem bater, e despeje a mistura numa fôrma untada. Leve ao forno médio por 45 minutos, e está pronta a torta.

Tortinhas simples de limão

1 lata de leite condensado
3 limões
cascas de limão
1 pacote de massa de tortinhas doces pré-prontas

Para fazer o recheio, bata no liquidificador o leite condensado com o suco dos limões. Coloque as tortinhas para dourar um pouco no forno. Retire-as e coloque sobre elas o recheio. Rale um pouco das cascas do limão e coloque por cima. Leve à geladeira por umas duas horas.

Aipim x Batata

Frita ou não, a batata é poderosa, pois, impávida, enfrenta e supera todas as restrições dietéticas. Haverá um *lobby*? O Ziraldo jura que sim. "Se não fosse o *lobby* da batata, o aipim seria o produto mais importante da agricultura brasileira" – diz ele, que milita entre os adeptos ardorosos do aipim. Ziraldo garante que, tudo que se faz com batata, se faz melhor com aipim. O aipim frito, o purê, o aipim cozido substituem em tudo a batata. E o que não tem graça com batata, fica sublime com o aipim: uma sopa, por exemplo. Dona Dione Zibetti me mandou a receita de uma indizível sopa de aipim que, com toda razão, foi um sucesso sem precedentes na TV. E que facilidade! Cozinhe o aipim descascado numa panela com água, até que esteja bem mole. Deixe esfriar um pouco, tire o fio do centro e passe no liquidificador, com a água em que cozinhou. Leve à panela de novo e acrescente bacon picado, lingüiça em rodelas fininhas e caldo de carne. Ferva de novo. Se ficar muito espessa, corrija com um pouco de água. Na hora de servir, salsa e cebolinha verde bem picadas por cima. Sugestão: prepare cubinhos de pão assados no forno com orégano e azeite de oliva, para acompanhar. A sopa de aipim aquece e encanta. Serve, inclusive, para aqueles dias quentes do verão em que, apesar do calor exterior, a alma parece gelada como uma noite de julho.

Índice de receitas

Abobrinhas gratinadas / 75
Alcatra ao molho de tomate acebolado / 28
Alface com fígado de aves / 76
Almôndegas de peixe / 137
Arroz com brócolis / 125
Arroz com camarão na cerveja preta / 125
Arroz com cogumelos frescos / 126
Arroz de Braga / 128
Arroz de china pobre com moranga / 129
Arroz de pato / 131
Arroz na cerveja / 133
Arroz-doce / 169
Baba de sapo / 171
Bacalhau à Gomes de Sá / 138
Banana ao licor / 172
Barreado / 78
Batatas ao murro / 79
Batatas com bacon / 80
Batatas mágicas / 81
Bife à parmigiana / 30
Bife a rolê / 31
Bife de fígado acebolado / 32
Bife de fígado de vitela acebolado / 33
Bifes acebolados / 35
Bifinhos com frutas vermelhas / 35
Bolinhas recheadas / 82
Bolinho cremoso de chocolate / 173
Bolo cremoso da Regina / 172
Bolo da Ciça / 176
Bolo de carne / 37

Bolo de cenoura diet / 177
Bolo de guaraná ou fanta / 179
Bolo de laranja / 180
Bolo de queijo e coco / 182
Bolo recheado Romeu e Julieta / 184
Caldo verde português / 153
Camarões apimentados / 140
Camarões na moranga / 141
Canja de bacalhau à portuguesa / 154
Canoinhas de Natal / 84
Cappelletti verde e amarelo / 9
Carne à moda inglesa / 37
Carne de panela com molho de nata / 38
Carne de panela simples / 39
Cassoulet de filé mignon / 41
Charutinhos de peixe-rei / 141
Cheesecake diet / 185
Cheesecake Romeu e Julieta / 186
Chuletas empanadas com flocos de milho / 42
Chuletinhas de porco ao forno / 43
Coquille Saint Jacques / 143
Creme de alface / 155
Creme de cebolas / 155
Creme de tomate / 156
Empadão de carne desfiada / 85
Espaguete campeão / 9
Estrogonofe de brócolis / 86
Estrogonofe de moelas / 63
Estrogonofe de peru / 65
Farofa africana / 87
Farofa de frutas assadas / 187
Feijão campeiro / 88
Fervido / 89
Filé de peixe ao molho de espinafre / 144

Fios de carne / 44
Flan de doce de leite / 189
Francesinha / 90
Frango com maçãs verdes da Dona Mimi Moro / 66
Frango com molho de vinho tinto / 67
Frango de caldeirada / 68
Frango esperto / 69
Frango surpresa / 71
Fritada de lingüiça / 92
Fritada de presunto / 93
Hambúrguer da Rainha / 94
Iscas de charque com milho verde / 45
Laranja no forno / 192
Lasanha com cogumelos / 11
Lasanha de cappelletti / 13
Lasanha de pão árabe / 14
Lombinho à parmigiana / 47
Lombinho de porco no vinho tinto / 48
Lombo de porco recheado / 49
Maçã de festa / 192
Maçãs em calda diet / 193
Maçãs verdejantes / 194
Massa ao molho de queijo com uvas / 16
Massa caseira com molho de miúdos / 18
Massa com bacalhau / 20
Massa dos corações / 22
Massa no disco / 23
Matambre enrolado tradicional / 51
Mocotó / 94
Molho de carne / 157
Molho de verduras / 157
Molho doce / 158
Musse de palmitos / 96
Musse de pepino / 98

Musse de salaminho / 98
Nhoque de abóbora ao gorgonzola / 24
Nhoquezinhos ao molho de abóbora / 27
Panqueca de banana / 196
Panqueca de espinafre com ricota / 100
Pão de batata-doce / 165
Pão de lingüiça / 167
Pão-de-casa / 168
Pasta de bacon / 101
Pasta de chester / 101
Pasta de presunto / 103
Pastelão de aipim / 103
Peito de pato / 71
Peitos de frango à moda da vovó / 73
Peixe à inglesa / 145
Peixe ao pão / 147
Peixe ao sal / 148
Peixe com bananas / 149
Peixe com molho de queijos / 150
Peixe em camadas / 151
Peixinhos da horta / 105
Peras bêbadas / 197
Pernil com molho de coca-cola ou pepsi-cola / 52
Peru no liquidificador / 74
Picadinho com abóbora e ervilhas / 54
Picanha ao molho de cerveja preta / 55
Picanha do avesso / 57
Pizza caseira / 105
Pizza de batata / 108
Polenta mole com molho / 108
Pudim de claras / 197
Pudim diferente / 198
Quiche de aspargos / 110
Rabada com molho de vinho e aipim / 57

Ramequim / 113
Risoto da copa / 134
Risoto de frango e champignon / 134
Rocambole de coco / 199
Rocambole de guisado / 59
Salada capresa / 113
Salada colorida de frango / 114
Salada cor-de-rosa / 115
Salada de frango ao curry / 116
Salada de lentilha / 118
Salada de macarrão light / 118
Salada de manga / 119
Salada princesa / 120
Salada quente / 121
Sanduíche de peito de peru com rúcula / 121
Sobras nobres com polenta / 109
Sopa de charque com ervilha / 158
Sopa de peixe / 160
Sopa de pimentão amarelo / 161
Sopa de queijo / 162
Sopa de vinho / 163
Sopão verde / 164
Sorvete Tartuffo / 200
Tainha na grelha / 152
Tatu coroado / 60
Tatu na panela / 61
Tomates recheados / 123
Tomates secos / 122
Torta Circe (com maçãs) / 201
Torta de bolacha / 204
Torta de espinafre / 124
Torta de limão / 204
Torta de ricota / 207
Tortinhas simples de limão / 207

Índice das dicas

Aipim x batata / 208
Amolecendo o churrasco / 83
Arroz: boas e más notícias / 203
Azeite de oliva / 195
Batata murcha / 162
Batata: anjo ou demônio? / 102
Bifes melhores / 92
Camarão com casca, O / 99
Carne de segunda, sabor de primeira / 29
Carne vermelha gaúcha, A / 50
Casca da batata, A / 64
Cheiro de cebola / 17
Choro da cebola, O / 206
Conserve seus temperos / 183
Cuidado com a maionese / 12
Dê uma surra no matambre / 84
Desperdício de alimentos / 77
Dica de economia / 175
Dicas para lavar a louça / 70
Diet e saboroso / 130
Homem lavando louça / 21
Luxo e o lixo na cozinha, O / 107
Mais dicas para acabar com os cheiros da cozinha / 178
Mais dicas sobre o vinagre, O / 91
Mel puro / 34
Melhor batata frita, A / 146
Molho branco do marquês, O / 151
Peixe na panela e no forno / 136
Pimenta afrodisíaca / 41

Pimenta afrodisíaca... e saudável! / 143
Precioso vinagre, O / 46
Purê nível internacional / 166
Quantidade de comida / 26
Sabor de peixe fresco / 159
Sal do bacalhau, O / 112
Saúde das frutas, A / 181
Sobre o leite / 117
Tábuas e colheres de madeira na cozinha / 170
Tomates: saborosos e saudáveis / 97
Vinho na comida / 191
Vinho, santo remédio / 56

Coleção **L&PM** POCKET (lançamentos mais recentes)

109. 200 Sonetos – Luis Vaz de Camões
110. O príncipe – Maquiavel
111. A escrava Isaura – Bernardo Guimarães
113. O solteirão nobre – Conan Doyle
114. Shakespeare de A a Z – Shakespeare
115. A relíquia – Eça de Queiroz
117. O livro do corpo – Vários
118. Lira dos 20 anos – Álvares de Azevedo
119. Esaú e Jacó – Machado de Assis
120. A barcarola – Pablo Neruda
121. Os conquistadores – Júlio Verne
122. Contos breves – G. Apollinaire
123. Taipi – Herman Melville
124. Livro dos desaforos – org. de Sergio Faraco
125. A mão e a luva – Machado de Assis
126. Doutor Miragem – Moacyr Scliar
127. O penitente – Isaac B. Singer
128. Diários da descoberta da América – C. Colombo
129. Édipo Rei – Sófocles
130. Romeu e Julieta – Shakespeare
131. Hollywood – Charles Bukowski
132. Billy the Kid – Pat Garrett
133. Cuca fundida – Woody Allen
134. O jogador – Dostoiévski
135. O livro da selva – Rudyard Kipling
136. O vale do terror – Arthur Conan Doyle
137. Dançar tango em Porto Alegre – S. Faraco
138. O gaúcho – Carlos Reverbel
139. A volta ao mundo em oitenta dias – J. Verne
140. O livro dos esnobes – W. M. Thackeray
141. Amor & morte em Poodle Springs – Raymond Chandler & R. Parker
142. As aventuras de David Balfour – Stevenson
143. Alice no país das maravilhas – Lewis Carroll
144. A ressurreição – Machado de Assis
145. Inimigos, uma história de amor – I. Singer
146. O Guarani – José de Alencar
147. A cidade e as serras – Eça de Queiroz
148. Eu e outras poesias – Augusto dos Anjos
149. A mulher de trinta anos – Balzac
150. Pomba enamorada – Lygia F. Telles
151. Contos fluminenses – Machado de Assis
152. Antes de Adão – Jack London
153. Intervalo amoroso – A. Romano de Sant'Anna
154. Memorial de Aires – Machado de Assis
155. Naufrágios e comentários – Cabeza de Vaca
156. Ubirajara – José de Alencar
157. Textos anarquistas – Bakunin
159. Amor de salvação – Camilo Castelo Branco
160. O gaúcho – José de Alencar
161. O livro das maravilhas – Marco Polo
162. Inocência – Visconde de Taunay
163. Helena – Machado de Assis
164. Uma estação de amor – Horácio Quiroga
165. Poesia reunida – Martha Medeiros
166. Memórias de Sherlock Holmes – Conan Doyle
167. A vida de Mozart – Stendhal
168. O primeiro terço – Neal Cassady
169. O mandarim – Eça de Queiroz
170. Um espinho de marfim – Marina Colasanti
171. A ilustre Casa de Ramires – Eça de Queiroz
172. Luciola – José de Alencar
173. Antígona – Sófocles – trad. Donaldo Schüler
174. Otelo – William Shakespeare
175. Antologia – Gregório de Matos
176. A liberdade de imprensa – Karl Marx
177. Casa de pensão – Aluísio Azevedo
178. São Manuel Bueno, Mártir – Unamuno
179. Primaveras – Casimiro de Abreu
180. O noviço – Martins Pena
181. O sertanejo – José de Alencar
182. Eurico, o presbítero – Alexandre Herculano
183. O signo dos quatro – Conan Doyle
184. Sete anos no Tibet – Heinrich Harrer
185. Vagamundo – Eduardo Galeano
186. De repente acidentes – Carl Solomon
187. As minas de Salomão – Rider Haggar
188. Uivo – Allen Ginsberg
189. A ciclista solitária – Conan Doyle
190. Os seis bustos de Napoleão – Conan Doyle
191. Cortejo do divino – Nelida Piñon
194. Os crimes do amor – Marquês de Sade
195. Besame Mucho – Mário Prata
196. Tuareg – Alberto Vázquez-Figueroa
197. O longo adeus – Raymond Chandler
199. Notas de um velho safado – C. Bukowski
200. 111 ais – Dalton Trevisan
201. O nariz – Nicolai Gogol
202. O capote – Nicolai Gogol
203. Macbeth – William Shakespeare
204. Heráclito – Donaldo Schüler
205. Você deve desistir, Osvaldo – Cyro Martins
206. Memórias de Garibaldi – A. Dumas
207. A arte da guerra – Sun Tzu
208. Fragmentos – Caio Fernando Abreu
209. Festa no castelo – Moacyr Scliar
210. O grande deflorador – Dalton Trevisan
212. Homem do princípio ao fim – Millôr Fernandes
213. Aline e seus dois namorados – A. Iturrusgarai
214. A juba do leão – Sir Arthur Conan Doyle
215. Assassino metido a esperto – R. Chandler
216. Confissões de um comedor de ópio – T. De Quincey
217. Os sofrimentos do jovem Werther – Goethe
218. Fedra – Racine / Trad. Millôr Fernandes
219. O vampiro de Sussex – Conan Doyle
220. Sonho de uma noite de verão – Shakespeare
221. Dias e noites de amor e de guerra – Galeano
222. O Profeta – Khalil Gibran
223. Flávia, cabeça, tronco e membros – M. Fernandes
224. Guia da ópera – Jeanne Suhamy
225. Macário – Álvares de Azevedo
226. Etiqueta na prática – Celia Ribeiro
227. Manifesto do partido comunista – Marx & Engels
228. Poemas – Millôr Fernandes
229. Um inimigo do povo – Henrik Ibsen
230. O paraíso destruído – Frei B. de las Casas
231. O gato no escuro – Josué Guimarães
232. O mágico de Oz – L. Frank Baum

233. **Armas no Cyrano's** – Raymond Chandler
234. **Max e os felinos** – Moacyr Scliar
235. **Nos céus de Paris** – Alcy Cheuiche
236. **Os bandoleiros** – Schiller
237. **A primeira coisa que eu botei na boca** – Deonísio da Silva
238. **As aventuras de Simbad, o marujo**
239. **O retrato de Dorian Gray** – Oscar Wilde
240. **A carteira de meu tio** – J. Manuel de Macedo
241. **A luneta mágica** – J. Manuel de Macedo
242. **A metamorfose** – Kafka
243. **A flecha de ouro** – Joseph Conrad
244. **A ilha do tesouro** – R. L. Stevenson
245. **Marx - Vida & Obra** – José A. Giannotti
246. **Gênesis**
247. **Unidos para sempre** – Ruth Rendell
248. **A arte de amar** – Ovídio
249. **O sono eterno** – Raymond Chandler
250. **Novas receitas do Anonymus Gourmet** – J.A.P.M.
251. **A nova catacumba** – Arthur Conan Doyle
252. **Dr. Negro** – Arthur Conan Doyle
253. **Os voluntários** – Moacyr Scliar
254. **A bela adormecida** – Irmãos Grimm
255. **O príncipe sapo** – Irmãos Grimm
256. **Confissões e Memórias** – H. Heine
257. **Viva o Alegrete** – Sergio Faraco
258. **Vou estar esperando** – R. Chandler
259. **A senhora Beate e seu filho** – Schnitzler
260. **O ovo apunhalado** – Caio Fernando Abreu
261. **O ciclo das águas** – Moacyr Scliar
262. **Millôr Definitivo** – Millôr Fernandes
264. **Viagem ao centro da Terra** – Júlio Verne
265. **A dama do lago** – Raymond Chandler
266. **Caninos brancos** – Jack London
267. **O médico e o monstro** – R. L. Stevenson
268. **A tempestade** – William Shakespeare
269. **Assassinatos na rua Morgue** – E. Allan Poe
270. **99 corruíras nanicas** – Dalton Trevisan
271. **Broquéis** – Cruz e Sousa
272. **Mês de cães danados** – Moacyr Scliar
273. **Anarquistas – vol. 1 – A idéia** – G. Woodcock
274. **Anarquistas – vol. 2 – O movimento** – G Woodcock
275. **Pai e filho, filho e pai** – Moacyr Scliar
276. **As aventuras de Tom Sawyer** – Mark Twain
277. **Muito barulho por nada** – W. Shakespeare
278. **Elogio da loucura** – Erasmo
279. **Autobiografia de Alice B. Toklas** – G. Stein
280. **O chamado da floresta** – J. London
281. **Uma agulha para o diabo** – Ruth Rendell
282. **Verdes vales do fim do mundo** – A. Bivar
283. **Ovelhas negras** – Caio Fernando Abreu
284. **O fantasma de Canterville** – O. Wilde
285. **Receitas de Yayá Ribeiro** – Celia Ribeiro
286. **A galinha degolada** – H. Quiroga
287. **O último adeus de Sherlock Holmes** – A. Conan Doyle
288. **A. Gourmet *em* Histórias de cama & mesa** – J. A. Pinheiro Machado
289. **Topless** – Martha Medeiros
290. **Mais receitas do Anonymus Gourmet** – J. A. Pinheiro Machado
291. **Origens do discurso democrático** – D. Schüler
292. **Humor politicamente incorreto** – Nani
293. **O teatro do bem e do mal** – E. Galeano
294. **Garibaldi & Manoela** – J. Guimarães
295. **10 dias que abalaram o mundo** – John Reed
296. **Numa fria** – Charles Bukowski
297. **Poesia de Florbela Espanca** vol. 1
298. **Poesia de Florbela Espanca** vol. 2
299. **Escreva certo** – E. Oliveira e M. E. Bernd
300. **O vermelho e o negro** – Stendhal
301. **Ecce homo** – Friedrich Nietzsche
302(7). **Comer bem, sem culpa** – Dr. Fernando Lucchese, A. Gourmet e Iotti
303. **O livro de Cesário Verde** – Cesário Verde
305. **100 receitas de macarrão** – S. Lancellotti
306. **160 receitas de molhos** – S. Lancellotti
307. **100 receitas light** – H. e Â. Tonetto
308. **100 receitas de sobremesas** – Celia Ribeiro
309. **Mais de 100 dicas de churrasco** – Leon Diziekaniak
310. **100 receitas de acompanhamentos** – C. Cabeda
311. **Honra ou vendetta** – S. Lancellotti
312. **A alma do homem sob o socialismo** – Oscar Wilde
313. **Tudo sobre Yôga** – Mestre De Rose
314. **Os varões assinalados** – Tabajara Ruas
315. **Édipo em Colono** – Sófocles
316. **Lisístrata** – Aristófanes / trad. Millôr
317. **Sonhos do Bunker Hill** – John Fante
318. **Os deuses de Raquel** – Moacyr Scliar
319. **O colosso de Marússia** – Henry Miller
320. **As eruditas** – Molière / trad. Millôr
321. **Radicci 1** – Iotti
322. **Os Sete contra Tebas** – Ésquilo
323. **Brasil Terra à vista** – Eduardo Bueno
324. **Radicci 2** – Iotti
325. **Júlio César** – William Shakespeare
326. **A carta de Pero Vaz de Caminha**
327. **Cozinha Clássica** – Silvio Lancellotti
328. **Madame Bovary** – Gustave Flaubert
329. **Dicionário do viajante insólito** – M. Sciar
330. **O capitão saiu para o almoço...** – Bukowski
331. **A carta roubada** – Edgar Allan Poe
332. **É tarde para saber** – Josué Guimarães
333. **O livro de bolso da Astrologia** – Maggy Harrisonx e Mellina Li
334. **1933 foi um ano ruim** – John Fante
335. **100 receitas de arroz** – Aninha Comas
336. **Guia prático do Português correto – vol. 1** – Cláudio Moreno
337. **Bartleby, o escriturário** – H. Melville
338. **Enterrem meu coração na curva do rio** – Dee Brown
339. **Um conto de Natal** – Charles Dickens
340. **Cozinha sem segredos** – J. A. P. Machado
341. **A dama das Camélias** – A. Dumas Filho
342. **Alimentação saudável** – H. e Â. Tonetto
343. **Continhos galantes** – Dalton Trevisan
344. **A Divina Comédia** – Dante Alighieri
345. **A Dupla Sertanojo** – Santiago
346. **Cavalos do amanhecer** – Mario Arregui
347. **Biografia de Vincent van Gogh por sua cunhada** – Jo van Gogh-Bonger
348. **Radicci 3** – Iotti

349. **Nada de novo no front** – E. M. Remarque
350. **A hora dos assassinos** – Henry Miller
351. **Flush - Memórias de um cão** – Virginia Woolf
352. **A guerra no Bom Fim** – M. Scliar
353. (1) **O caso Saint-Fiacre** – Simenon
354. (2) **Morte na alta sociedade** – Simenon
355. (3) **O cão amarelo** – Simenon
356. (4) **Maigret e o homem do banco** – Simenon
357. **As uvas e o vento** – Pablo Neruda
358. **On the road** – Jack Kerouac
359. **O coração amarelo** – Pablo Neruda
360. **Livro das perguntas** – Pablo Neruda
361. **Noite de Reis** – William Shakespeare
362. **Manual de Ecologia** – vol.1 – J. Lutzenberger
363. **O mais longo dos dias** – Cornelius Ryan
364. **Foi bom prá você?** – Nani
365. **Crepusculário** – Pablo Neruda
366. **A comédia dos erros** – Shakespeare
367. (5) **A primeira investigação de Maigret** – Simenon
368. (6) **As férias de Maigret** – Simenon
369. **Mate-me por favor (vol.1)** – L. McNeil
370. **Mate-me por favor (vol.2)** – L. McNeil
371. **Carta ao pai** – Kafka
372. **Os vagabundos iluminados** – J. Kerouac
373. (7) **O enforcado** – Simenon
374. (8) **A fúria de Maigret** – Simenon
375. **Vargas, uma biografia política** – H. Silva
376. **Poesia reunida (vol.1)** – A. R. de Sant'Anna
377. **Poesia reunida (vol.2)** – A. R. de Sant'Anna
378. **Alice no país do espelho** – Lewis Carroll
379. **Residência na Terra 1** – Pablo Neruda
380. **Residência na Terra 2** – Pablo Neruda
381. **Terceira Residência** – Pablo Neruda
382. **O delirio amoroso** – Bocage
383. **Futebol ao sol e à sombra** – E. Galeano
384. (9) **O porto das brumas** – Simenon
385. (10) **Maigret e seu morto** – Simenon
386. **Radicci 4** – Iotti
387. **Boas maneiras & sucesso nos negócios** – Celia Ribeiro
388. **Uma história Farroupilha** – M. Scliar
389. **Na mesa ninguém envelhece** – J. A. P. Machado
390. **200 receitas inéditas do Anonymus Gourmet** – J. A. Pinheiro Machado
391. **Guia prático do Português correto – vol.2** – Cláudio Moreno
392. **Breviário das terras do Brasil** – Assis Brasil
393. **Cantos Cerimoniais** – Pablo Neruda
394. **Jardim de Inverno** – Pablo Neruda
395. **Antonio e Cleópatra** – William Shakespeare
396. **Tróia** – Cláudio Moreno
397. **Meu tio matou meu cara** – Jorge Furtado
398. **O anatomista** – Federico Andahazi
399. **As viagens de Gulliver** – Jonathan Swift
400. **Dom Quixote – v.1** – Miguel de Cervantes
401. **Dom Quixote – v.2** – Miguel de Cervantes
402. **Sozinho no Pólo Norte** – Thomaz Brandolin
403. **Matadouro 5** – Kurt Vonnegut
404. **Delta de Vênus** – Anaïs Nin
405. **O melhor de Hagar 2** – Dik Browne
406. **É grave Doutor?** – Nani
407. **Orai pornô** – Nani
408. (11) **Maigret em Nova York** – Simenon
409. (12) **O assassino sem rosto** – Simenon
410. (13) **O mistério das jóias roubadas** – Simenon
411. **A irmãzinha** – Raymond Chandler
412. **Três contos** – Gustave Flaubert
413. **De ratos e homens** – John Steinbeck
414. **Lazarilho de Tormes** – Anônimo do séc. XVI
415. **Triângulo das águas** – Caio Fernando Abreu
416. **100 receitas de carnes** – Silvio Lancellotti
417. **Histórias de robôs: vol.1** – org. Isaac Asimov
418. **Histórias de robôs: vol.2** – org. Isaac Asimov
419. **Histórias de robôs: vol.3** – org. Isaac Asimov
420. **O país dos centauros** – Tabajara Ruas
421. **A república de Anita** – Tabajara Ruas
422. **A carga dos lanceiros** – Tabajara Ruas
423. **Um amigo de Kafka** – Isaac Singer
424. **As alegres matronas de Windsor** – Shakespeare
425. **Amor e exílio** – Isaac Bashevis Singer
426. **Use & abuse do seu signo** – Marilia Fiorillo e Marylou Simonsen
427. **Pigmaleão** – Bernard Shaw
428. **As fenícias** – Eurípides
429. **Everest** – Thomaz Brandolin
430. **A arte de furtar** – Anônimo do séc. XVI
431. **Billy Bud** – Herman Melville
432. **A rosa separada** – Pablo Neruda
433. **Elegia** – Pablo Neruda
434. **A garota de Cassidy** – David Goodis
435. **Como fazer a guerra: máximas de Napoleão** – Balzac
436. **Poemas escolhidos** – Emily Dickinson
437. **Gracias por el fuego** – Mario Benedetti
438. **O sofá** – Crébillon Fils
439. **O "Martin Fierro"** – Jorge Luis Borges
440. **Trabalhos de amor perdidos** – W. Shakespeare
441. **O melhor de Hagar 3** – Dik Browne
442. **Os Maias (volume1)** – Eça de Queiroz
443. **Os Maias (volume2)** – Eça de Queiroz
444. **Anti-Justine** – Restif de La Bretonne
445. **Juventude** – Joseph Conrad
446. **Contos** – Eça de Queiroz
447. **Janela para a morte** – Raymond Chandler
448. **Um amor de Swann** – Marcel Proust
449. **À paz perpétua** – Immanuel Kant
450. **A conquista do México** – Hernan Cortez
451. **Defeitos escolhidos e 2000** – Pablo Neruda
452. **O casamento do céu e do inferno** – William Blake
453. **A primeira viagem ao redor do mundo** – Antonio Pigafetta
454. (14) **Uma sombra na janela** – Simenon
455. (15) **A noite da encruzilhada** – Simenon
456. (16) **A velha senhora** – Simenon
457. **Sartre** – Annie Cohen-Solal
458. **Discurso do método** – René Descartes
459. **Garfield em grande forma (1)** – Jim Davis
460. **Garfield está de dieta (2)** – Jim Davis
461. **O livro das feras** – Patricia Highsmith
462. **Viajante solitário** – Jack Kerouac
463. **Auto da barca do inferno** – Gil Vicente
464. **O livro vermelho dos pensamentos de Millôr** – Millôr Fernandes
465. **O livro dos abraços** – Eduardo Galeano
466. **Voltaremos!** – José Antonio Pinheiro Machado

467. **Rango** – Edgar Vasques
468(8). **Dieta mediterrânea** – Dr. Fernando Lucchese e José Antonio Pinheiro Machado
469. **Radicci 5** – Iotti
470. **Pequenos pássaros** – Anaïs Nin
471. **Guia prático do Português correto – vol.3** – Cláudio Moreno
472. **Atire no pianista** – David Goodis
473. **Antologia Poética** – Garcia Lorca
474. **Alexandre e César** – Plutarco
475. **Uma espiã na casa do amor** – Anaïs Nin
476. **A gorda do Tiki Bar** – Dalton Trevisan
477. **Garfield um gato de peso (3)** – Jim Davis
478. **Canibais** – David Coimbra
479. **A arte de escrever** – Arthur Schopenhauer
480. **Pinóquio** – Carlo Collodi
481. **Misto-quente** – Charles Bukowski
482. **A lua na sarjeta** – David Goodis
483. **O melhor do Recruta Zero (1)** – Mort Walker
484. **Aline 2** – Adão Iturrusgarai
485. **Sermões do Padre Antonio Vieira**
486. **Garfield numa boa (4)** – Jim Davis
487. **Mensagem** – Fernando Pessoa
488. **Vendeta** seguido de **A paz conjugal** – Balzac
489. **Poemas de Alberto Caeiro** – Fernando Pessoa
490. **Ferragus** – Honoré de Balzac
491. **A duquesa de Langeais** – Honoré de Balzac
492. **A menina dos olhos de ouro** – Honoré de Balzac
493. **O lírio do vale** – Honoré de Balzac
494(17). **A barcaça da morte** – Simenon
495(18). **As testemunhas rebeldes** – Simenon
496(19). **Um engano de Maigret** – Simenon
497(1). **A noite das bruxas** – Agatha Christie
498(2). **Um passe de mágica** – Agatha Christie
499(3). **Nêmesis** – Agatha Christie
500. **Esboço para uma teoria das emoções** – Sartre
501. **Renda básica de cidadania** – Eduardo Suplicy
502(1). **Pílulas para viver melhor** – Dr. Lucchese
503(2). **Pílulas para prolongar a juventude** – Dr. Lucchese
504(3). **Desembarcando o Diabetes** – Dr. Lucchese
505(4). **Desembarcando o Sedentarismo** – Dr. Fernando Lucchese e Cláudio Castro
506(5). **Desembarcando a Hipertensão** – Dr. Lucchese
507(6). **Desembarcando o Colesterol** – Dr. Fernando Lucchese e Fernanda Lucchese
508. **Estudos de mulher** – Balzac
509. **O terceiro tira** – Flann O'Brien
510. **100 receitas de aves e ovos** – J. A. P. Machado
511. **Garfield em toneladas de diversão (5)** – Jim Davis
512. **Trem-bala** – Martha Medeiros
513. **Os cães ladram** – Truman Capote
514. **O Kama Sutra de Vatsyayana**
515. **O crime do Padre Amaro** – Eça de Queiroz
516. **Odes de Ricardo Reis** – Fernando Pessoa
517. **O inverno da nossa desesperança** – Steinbeck
518. **Piratas do Tietê (1)** – Laerte
519. **Rê Bordosa: do começo ao fim** – Angeli
520. **O Harlem é escuro** – Chester Himes
521. **Café-da-manhã dos campeões** – Kurt Vonnegut
522. **Eugénie Grandet** – Balzac
523. **O último magnata** – F. Scott Fitzgerald
524. **Carol** – Patricia Highsmith
525. **100 receitas de patisseria** – Silvio Lancellotti
526. **O fator humano** – Graham Greene
527. **Tristessa** – Jack Kerouac
528. **O diamante do tamanho do Ritz** – S. Fitzgerald
529. **As melhores histórias de Sherlock Holmes** – Arthur Conan Doyle
530. **Cartas a um jovem poeta** – Rilke
531(20). **Memórias de Maigret** – Simenon
532(4). **O misterioso sr. Quin** – Agatha Christie
533. **Os analectos** – Confúcio
534(21). **Maigret e os homens de bem** – Simenon
535(22). **O medo de Maigret** – Simenon
536. **Ascensão e queda de César Birotteau** – Balzac
537. **Sexta-feira negra** – David Goodis
538. **Ora bolas – O humor de Mario Quintana** – Juarez Fonseca
539. **Longe daqui aqui mesmo** – Antonio Bivar
540(5). **É fácil matar** – Agatha Christie
541. **O pai Goriot** – Balzac
542. **Brasil, um país do futuro** – Stefan Zweig
543. **O processo** – Kafka
544. **O melhor de Hagar 4** – Dik Browne
545(6). **Por que não pediram a Evans?** – Agatha Christie
546. **Fanny Hill** – John Cleland
547. **O gato por dentro** – William S. Burroughs
548. **Sobre a brevidade da vida** – Sêneca
549. **Geraldão (1)** – Glauco
550. **Piratas do Tietê (2)** – Laerte
551. **Pagando o pato** – Ciça
552. **Garfield de bom humor (6)** – Jim Davis
553. **Conhece o Mário?** – Santiago
554. **Radicci 6** – Iotti
555. **Os subterrâneos** – Jack Kerouac
556(1). **Balzac** – François Taillandier
557(2). **Modigliani** – Christian Parisot
558(3). **Kafka** – Gérard-Georges Lemaire
559(4). **Júlio César** – Joël Schmidt
560. **Receitas da família** – J. A. Pinheiro Machado
561. **Boas maneiras à mesa** – Celia Ribeiro
562(9). **Filhos sadios, pais felizes** – R. Pagnoncelli
563(10). **Fatos & mitos** – Dr. Fernando Lucchese
564. **Ménage à trois** – Paula Taitelbaum
565. **Mulheres!** – David Coimbra
566. **Poemas de Álvaro de Campos** – Fernando Pessoa
567. **Medo e outras histórias** – Stefan Zweig
568. **Snoopy e sua turma (1)** – Schulz
569. **Piadas para sempre (1)** – Visconde da Casa Verde
570. **O alvo móvel** – Ross Macdonald
571. **O melhor do Recruta Zero (2)** – Mort Walker
572. **Um sonho americano** – Norman Mailer
573. **Os broncos também amam** – Angeli
574. **Crônica de um amor louco** – Bukowski
575(5). **Freud** – René Major e Chantal Talagran
576(6). **Picasso** – Gilles Plazy
577(7). **Gandhi** – Christine Jordis
578. **A tumba** – H. P. Lovecraft
579. **O príncipe e o mendigo** – Mark Twain
580. **Garfield, um charme de gato (7)** – Jim Davis
581. **Ilusões perdidas** – Balzac
582. **Esplendores e misérias das cortesãs** – Balzac
583. **Walter Ego** – Angeli

584. Striptiras (1) – Laerte
585. Fagundes: um puxa-saco de mão cheia – Laerte
586. Depois do último trem – Josué Guimarães
587. Ricardo III – Shakespeare
588. Dona Anja – Josué Guimarães
589. 24 horas na vida de uma mulher – Stefan Zweig
590. O terceiro homem – Graham Greene
591. Mulher no escuro – Dashiell Hammett
592. No que acredito – Bertrand Russell
593. Odisséia (1): Telemaquia – Homero
594. O cavalo cego – Josué Guimarães
595. Henrique V – Shakespeare
596. Fabulário geral do delírio cotidiano – Bukowski
597. Tiros na noite 1: A mulher do bandido – Dashiell Hammett
598. Snoopy em Feliz Dia dos Namorados! (2) – Schulz
599. Mas não se matam cavalos? – Horace McCoy
600. Crime e castigo – Dostoiévski
601. (7). Mistério no Caribe – Agatha Christie
602. Odisséia (2): Regresso – Homero
603. Piadas para sempre (2) – Visconde da Casa Verde
604. À sombra do vulcão – Malcolm Lowry
605. (8). Kerouac – Yves Buin
606. E agora são cinzas – Angeli
607. As mil e uma noites – Paulo Caruso
608. Um assassino entre nós – Ruth Rendell
609. Crack-up – F. Scott Fitzgerald
610. Do amor – Stendhal
611. Cartas do Yage – William Burroughs e Allen Ginsberg
612. Striptiras (2) – Laerte
613. Henry & June – Anaïs Nin
614. A piscina mortal – Ross Macdonald
615. Geraldão (2) – Glauco
616. Tempo de delicadeza – A. R. de Sant'Anna
617. Tiros na noite 2: Medo de tiro – Dashiell Hammett
618. Snoopy em Assim é a vida, Charlie Brown! (3) – Schulz
619. 1954 – Um tiro no coração – Hélio Silva
620. Sobre a inspiração poética (Íon) e ... – Platão
621. Garfield e seus amigos (8) – Jim Davis
622. Odisséia (3): Ítaca – Homero
623. A louca matança – Chester Himes
624. Factótum – Charles Bukowski
625. Guerra e Paz: volume 1 – Tolstói
626. Guerra e Paz: volume 2 – Tolstói
627. Guerra e Paz: volume 3 – Tolstói
628. Guerra e Paz: volume 4 – Tolstói
629. (9). Shakespeare – Claude Mourthé
630. Bem está o que bem acaba – Shakespeare
631. O contrato social – Rousseau
632. Geração Beat – Jack Kerouac
633. Snoopy: É Natal! (4) – Charles Schulz
634. (8). Testemunha da acusação – Agatha Christie
635. Um elefante no caos – Millôr Fernandes
636. Guia de leitura (100 autores que você precisa ler) – Organização de Léa Masina
637. Pistoleiros também mandam flores – David Coimbra
638. O prazer das palavras – vol. 1 – Cláudio Moreno
639. O prazer das palavras – vol. 2 – Cláudio Moreno
640. Novíssimo testamento: com Deus e o diabo, a dupla da criação – Iotti
641. Literatura Brasileira: modos de usar – Luís Augusto Fischer
642. Dicionário de Porto-Alegrês – Luís A. Fischer
643. Clô Dias & Noites – Sérgio Jockymann
644. Memorial de Isla Negra – Pablo Neruda
645. Um homem extraordinário e outras histórias – Tchekhov
646. Ana sem terra – Alcy Cheuiche
647. Adultérios – Woody Allen
648. Para sempre ou nunca mais – R. Chandler
649. Nosso homem em Havana – Graham Greene
650. Dicionário Caldas Aulete de Bolso
651. Snoopy: Posso fazer uma pergunta, professora? (5) – Charles Schulz
652. (10). Luís XVI – Bernard Vincent
653. O mercador de Veneza – Shakespeare
654. Cancioneiro – Fernando Pessoa
655. Non-Stop – Martha Medeiros
656. Carpinteiros, levantem bem alto a cumeeira & Seymour, uma apresentação – J.D.Salinger
657. Ensaios céticos – Bertrand Russell
658. O melhor de Hagar 5 – Dik Browne
659. Primeiro amor – Ivan Turguêniev
660. A trégua – Mario Benedetti
661. Um parque de diversões da cabeça – Lawrence Ferlinghetti
662. Aprendendo a viver – Sêneca
663. Garfield, um gato em apuros (9) – Jim Davis
664. Dilbert 1 – Scott Adams
665. Dicionário de dificuldades – Domingos Paschoal Cegalla
666. A imaginação – Jean-Paul Sartre
667. O ladrão e os cães – Naguib Mahfuz
668. Gramática do português contemporâneo – Celso Cunha
669. A volta do parafuso *seguido de* Daisy Miller – Henry James
670. Notas do subsolo – Dostoiévski
671. Abobrinhas da Brasilônia – Glauco
672. Geraldão (3) – Glauco
673. Piadas para sempre (3) – Visconde da Casa Verde
674. Duas viagens ao Brasil – Hans Staden
675. Bandeira de bolso – Manuel Bandeira
676. A arte da guerra – Maquiavel
677. Além do bem e do mal – Nietzsche
678. O coronel Chabert *seguido de* A mulher abandonada – Balzac
679. O sorriso de marfim – Ross Macdonald
680. 100 receitas de pescados – Silvio Lancellotti
681. O juiz e o seu carrasco – Friedrich Dürrenmatt
682. Noites brancas – Dostoiévski
683. Quadras ao gosto popular – Fernando Pessoa
684. Romanceiro da Inconfidência – Cecília Meireles
685. Kaos – Millôr Fernandes
686. A pele de onagro – Balzac
687. As ligações perigosas – Choderlos de Laclos
688. Dicionário de matemática – Luiz Fernandes Cardoso
689. Os Lusíadas – Luís Vaz de Camões

Impressão

GRÁFICA EDITORA
Pallotti
IMAGEM DE QUALIDADE

www.pallotti.com.br